AF547718

RöLS
GVerlage

„BÜCHER SIND WIE FALLSCHIRME. SIE NÜTZEN UNS NICHTS, WENN WIR SIE NICHT ÖFFNEN."

Gröls Verlag

Redaktionelle Hinweise und Impressum

Das vorliegende Werk wurde zugunsten der Authentizität sehr zurückhaltend bearbeitet. So wurden etwa ursprüngliche Rechtschreibfehler *nicht* systematisch behoben, denn kleine Unvollkommenheiten machen das Buch – wie im Übrigen den Menschen – erst authentisch. Mitunter wurden jedoch zum Beispiel Absätze behutsam neu getrennt, um den Lesefluss zu erleichtern.

Um die Texte zu rekonstruieren, werden antiquarische Bücher von Lesegeräten gescannt und dann durch eine Software lesbar gemacht. Der so entstandene Text wird von Menschen gegengelesen und korrigiert – hierbei treten auch Fehler auf. Wenn Sie ebenfalls antiquarische Texte einreichen möchten, finden Sie weitere Informationen auf www.groels.de

Viel Freude bei der Lektüre wünscht Ihnen das Team des Gröls-Verlags.

Adressen

Verleger: Sophia Gröls, Im Borngrund 26, 61440 Oberursel

Externer Dienstleister für Distribution & Herstellung: BoD, In de Tarpen 42, 22848 Norderstedt

Unsere „Edition | Werke der Weltliteratur“ hat den Anspruch, eine der größten und vollständigsten Sammlungen klassischer Literatur in deutscher Sprache zu sein. Nach und nach versammeln wir hier nicht nur die „üblichen Verdächtigen“ von Goethe bis Schiller, sondern auch Kleinode der vergangenen Jahrhunderte, die – zu Unrecht – drohen, in Vergessenheit zu geraten. Wir kultivieren und kuratieren damit einen der wertvollsten Bereiche der abendländischen Kultur. Kleine Auswahl:

Francis Bacon • Neues Organon • **Balzac** • Glanz und Elend der Kurtisanen • **Joachim H. Campe** • Robinson der Jüngere • **Dante Alighieri** • Die Göttliche Komödie • **Daniel Defoe** • Robinson Crusoe • **Charles Dickens** • Oliver Twist • **Denis Diderot** • Jacques der Fatalist • **Fjodor Dostojewski** • Schuld und Sühne • **Arthur Conan Doyle** • Der Hund von Baskerville • **Marie von Ebner-Eschenbach** • Das Gemeindekind • **Elisabeth von Österreich** • Das Poetische Tagebuch • **Friedrich Engels** • Die Lage der arbeitenden Klasse • **Ludwig Feuerbach** • Das Wesen des Christentums • **Johann G. Fichte** • Reden an die deutsche Nation • **Fitzgerald** • Zärtlich ist die Nacht • **Flaubert** • Madame Bovary • **Gorch Fock** • Seefahrt ist not! • **Theodor Fontane** • Effi Briest • **Robert Musil** • Über die Dummheit • **Edgar Wallace** • Der Frosch mit der Maske • **Jakob Wassermann** • Der Fall Maurizius • **Oscar Wilde** • Das Bildnis des Dorian Grey • **Émile Zola** • Germinal • **Stefan Zweig** • Schachnovelle • **Hugo von Hofmannsthal** • Der Tor und der Tod • **Anton Tschechow** • Ein Heiratsantrag • **Arthur Schnitzler** • Reigen • **Friedrich Schiller** • Kabale und Liebe • **Nicolo Machiavelli** • Der Fürst • **Gotthold E. Lessing** • Nathan der Weise • **Augustinus** • Die Bekenntnisse des heiligen Augustinus • **Marcus Aurelius** • Selbstbetrachtungen • **Charles Baudelaire** • Die Blumen des Bösen • **Harriett Stowe** • Onkel Toms Hütte • **Walter Benjamin** • Deutsche Menschen • **Hugo Bettauer** • Die Stadt ohne Juden • **Lewis Caroll** • *und viele mehr….*

Karl Marx

Der achtzehnte Brumaire des Louis Napoleon

Hegel bemerkte irgendwo, daß alle großen weltgeschichtlichen Tatsachen und Personen sich sozusagen zweimal ereignen. Er hat vergessen, hinzuzufügen: das eine Mal als Tragödie, das andere Mal als Farce. Caussidière für Danton, Louis Blanc für Robespierre, die Montagne von 1848-1851 für die Montagne von 1793-1795, der Neffe für den Onkel. Und dieselbe Karikatur in den Umständen, unter denen die zweite Auflage des achtzehnten Brumaire herausgegeben wird!

Die Menschen machen ihre eigene Geschichte, aber sie machen sie nicht aus freien Stücken, nicht unter selbstgewählten, sondern unter unmittelbar vorgefundenen, gegebenen und überlieferten Umständen. Die Tradition aller toten Geschlechter lastet wie ein Alp auf dem Gehirne der Lebenden. Und wenn sie eben damit beschäftigt scheinen, sich und die Dinge umzuwälzen, noch nicht Dagewesenes zu schaffen, gerade in solchen Epochen revolutionärer Krise beschwören sie ängstlich die Geister der Vergangenheit zu ihrem Dienste herauf, entlehnen ihnen Namen, Schlachtparole, Kostüm, um in dieser altehrwürdigen Verkleidung und mit dieser erborgten Sprache die neuen Weltgeschichtsszene aufzuführen. So maskierte sich Luther als Apostel Paulus, die Revolution von 1789-1814 drapierte sich abwechselnd als römische Republik und als römisches Kaisertum, und die Revolution von 1848 wußte nichts besseres zu tun, als hier 1789, dort die revolutionäre Überlieferung von 1793-1795 zu parodieren. So übersetz der Anfänger, der eine neue Sprache erlernt hat, sie immer zurück in seine Muttersprache, aber den Geist der neuen Sprache hat er sich nur angeeignet, und frei in ihr zu produzieren vermag er nur, sobald er sich ohne Rückerinnerung in ihr bewegt und die ihm angestammte Sprache in ihr vergißt.

Bei Betrachtung jener weltgeschichtlichen Totenbeschwörungen zeigt sich sofort ein springender Unterschied. Camille Desmoulins, Danton,

Robespierre, St-Just, Napoleon, die Heroen, wie die Parteien und die Masse der alten französischen Revolution, vollbrachten in dem römischen Kostüme und mit römischen Phrasen die Aufgaben ihrer Zeit, die Entfesselung und Herstellung der modernen *bürgerlichen* Gesellschaft. Die einen schlugen den feudalen Boden in Stücke und mähten die feudalen Köpfe ab, die darauf gewachsen waren. Der andere schuf im Innern von Frankreich die Bedingungen, worunter erst die freie Konkurrenz entwickelt, das parzellierte Grundeigentum ausgebeutet, die entfesselte industrielle Produktivkraft der Nation verwandt werden konnte, und jenseits der französischen Grenzen fegte er überall die feudalen Gestaltungen weg, soweit es nötig war, um der bürgerlichen Gesellschaft in Frankreich eine entsprechende, zeitgemäße Umgebung auf dem europäischen Kontinent zu verschaffen. Die neue Gesellschaftsformation einmal hergestellt, verschwanden die vorsündflutlichen Kolosse und mit ihnen das wieder auferstandene Römertum – die Brutusse, Gracchusse, Publicolas, die Tribunen, die Senatoren und Cäsar selbst. Die bürgerliche Gesellschaft in ihrer nüchternen Wirklichkeit hatte sich ihre wahren Dolmetscher und Sprachführer erzeugt in den Says, Cousins, Royer-Collard, Benjamin Constants und Guizots, ihre wirklichen Heerführer saßen hinter dem Kontortisch, und der Speckkopf Ludwigs XVIII. war ihr politisches Haupt. Ganz absorbiert in die Produktion des Reichtums und in den friedlichen Kampf der Konkurrenz begriff sie nicht mehr, daß die Gespenster der Römerzeit ihre Wiege gehütet hatten. Aber unheroisch, wie die bürgerliche Gesellschaft ist, hatte es jedoch des Heroismus bedurft, der Aufopferung, des Schreckens, des Bürgerkriegs und der Völkerschlachten, um sie auf die Welt zu setzen. Und ihre Gladiatoren fanden in den klassisch strengen Überlieferungen der römischen Republik die Ideale und die Kunstformen, die Selbsttäuschungen, deren sie bedurfte, um den bürgerlich beschränkten Inhalt ihrer Kämpfe sich selbst zu verbergen und ihre Leidenschaft auf der Höhe der großen geschichtlichen Tragödie zu halten. So hatten auf einer andern Entwicklungsstufe, ein Jahrhundert früher, Cromwell und das englische Volk dem Alten Testament Sprache, Leidenschaften und Illusionen für ihre bürgerliche Revolution entlehnt.

Als das wirkliche Ziel erreicht, als die bürgerliche Umgestaltung der englischen Gesellschaft vollbracht war, verdrängte Locke den Habakuk.

Die Totenerweckung in jenen Revolutionen diente also dazu, die neuen Kämpfe zu verherrlichen, nicht die alten zu parodieren, die gegebene Aufgabe in der Phantasie zu übertreiben, nicht vor ihrer Lösung in der Wirklichkeit zurückzuflüchten, den Geist der Revolution wiederzufinden, nicht ihr Gespenst wieder umgehen zu machen.

1848-1851 ging nur das Gespenst der alten Revolution um, von Marrast, dem Républicain en gants jaunes, *Republikaner in gelben Handschuhen* der sich in den alten Bailly verkleidete, bis auf den Abenteurer, der seine trivial-widrigen Züge unter der eisernen Totenlarve Napoleons versteckte. Ein ganzes Volk, das sich durch eine Revolution eine beschleunigte Bewegungskraft gegeben zu haben glaubt, findet sich plötzlich in eine verstorbene Epoche zurückversetzt, und damit keine Täuschung über den Rückfall möglich ist, stehn die alten Data wieder auf, die alte Zeitrechnung, die alten Namen, die alten Edikte, die längst der antiquarischen Gelehrsamkeit verfallen, und die alten Schergen, die längst verfault schienen. Die Nation kömmt sich vor wie jener närrische Engländer in Bedlam, der zur Zeit der alten Pharaonen zu leben meint und täglich über die harten Dienste jammert, die er in den äthiopischen Bergwerken als Goldgräber verrichten muß, eingemauert in dies unterirdische Gefängnis, eine spärlich leuchtende Lampe auf dem eigenen Kopfe befestigt, hinter ihm der Sklavenaufseher mit langer Peitsche und an den Ausgängen ein Gewirr von barbarischen Kriegsknechten, die weder die Zwangsarbeiter in den Bergwerken, noch sich untereinander verstehn, weil sie keine gemeinsame Sprache reden. „Und dies alles wird mir" – seufzt der närrische Engländer – „mir, dem freigeborenen Briten, zugemutet, um Gold für die alten Pharaonen zu machen." „Um die Schulden der Familie Bonaparte zu zahlen" – seufzt die französische Nation. Der Engländer, solange er bei Verstand war, konnte die fixe Idee des Goldmachens nicht loswerden. Die Franzosen, solange sie revolutionierten, nicht die napoleonische Erinnerung, wie die Wahl vom 10.Dezember bewies. Sie sehnten sich aus den Gefahren der Revolution zurück nach den Fleischtöpfen Ägyptens, und der 2.Dezember 1851 war die Antwort. Sie haben nicht nur die Karikatur des alten Napoleons, sie haben den alten Napoleon selbst karikiert, wie er sich ausnehmen muß in der Mitte des neunzehnten Jahrhunderts.

Die soziale Revolution des neunzehnten Jahrhunderts kann ihre Poesie nicht aus der Vergangenheit schöpfen, sondern nur aus der Zukunft. Sie kann nicht mit sich selbst beginnen, bevor sie allen Aberglauben an die Vergangenheit abgestreift hat. Die früheren Revolutionen bedurften der weltgeschichtlichen Rückerinnerungen, um über ihren eigenen Inhalt zu betäuben. Die Revolution des neunzehnten Jahrhunderts muß die Toten ihre Toten begraben lassen, um bei ihrem eignen Inhalt anzukommen. Dort ging die Phrase über den Inhalt, hier geht der Inhalt über die Phrase hinaus.

Die Februarrevolution war eine Überrumpelung, eine *Überraschung* der alten Gesellschaft, und das Volk proklamierte diesen unverhofften *Handstreich* als eine weltgeschichtliche Tat, womit die neue Epoche eröffnet sei. Am 2.Dezember wird die Februarrevolution eskamotiert durch die Volte eines falschen Spielers, und was umgeworfen scheint, ist nicht mehr die Monarchie, es sind die liberalen Konzessionen, die ihr durch jahrhundertelange Kämpfe abgetrotzt waren. Statt daß die *Gesellschaft* selbst sich einen neuen Inhalt erobert hätte, scheint nur der *Staat* zu seiner ältesten Form zurückgekehrt, zur unverschämt einfachen Herrschaft von Säbel und Kutte. So antwortet auf den coup de main vom Februar 1848 der coup de tete vom Dezember 1851. Wie gewonnen, so zerronnen. Unterdessen ist die Zwischenzeit nicht unbenutzt vorübergegangen. Die französische Gesellschaft hat während der Jahre 1848-1851 die Studien und Erfahrungen nachgeholt, und zwar in einer abkürzenden, weil revolutionären Methode, die bei regelmäßiger, sozusagen schulgerechter Entwicklung der Februarrevolution hätten vorhergehn müssen, sollte sie mehr als eine Erschütterung der Oberfläche sein. Die Gesellschaft scheint jetzt hinter ihren Ausgangspunkt zurückgetreten; in Wahrheit hat sie sich erst den revolutionären

Ausgangspunkt zu schaffen, die Situation, die Verhältnisse, die Bedingungen, unter denen allein die moderne Revolution ernsthaft wird.

Bürgerliche Revolutionen, wie die des achtzehnten Jahrhunderts, stürmen rascher von Erfolg zu Erfolg, ihre dramatischen Effekte überbieten sich, Menschen und Dinge scheinen in Feuerbrillanten gefaßt, die Ekstase ist der Geist jedes Tages; aber sie sind kurzlebig, bald haben sie ihren Höhepunkt erreicht, und ein langer Katzenjammer erfaßt die Gesellschaft, ehe sie die Resultate ihrer Drang- und Sturmperiode nüchtern sich aneignen lernt. Proletarische Revolutionen dagegen, wie die des neunzehnten Jahrhunderts, kritisieren beständig sich selbst, unterbrechen sich fortwährend in ihrem eignen Lauf, kommen auf das scheinbar Vollbrachte zurück, um es wieder von neuem anzufangen, verhöhnen grausam-gründlich die Halbheiten, Schwächen und Erbärmlichkeiten ihrer ersten Versuche, scheinen ihren Gegner nur niederzuwerfen, damit er neue Kräfte aus der Erde sauge und sich riesenhafter ihnen gegenüber wieder aufrichte, schrecken stets von neuem zurück vor der unbestimmten Ungeheuerlichkeit ihrer eigenen Zwecke, bis die Situation geschaffen ist, die jede Umkehr unmöglich macht, und die Verhältnisse selbst rufen

Hic Rhodus, hic salta!
Hier ist die Rose, hier tanze!

Jeder erträgliche Beobachter übrigens, selbst wenn er nicht Schritt vor Schritt den Gang der französischen Entwicklung gefolgt war, mußte ahnen, daß der Revolution eine unerhörte Blamage bevorstehe. Es genügte, das selbstgefällige Siegesgekläffe zu hören, womit die Herren Demokraten sich wechselweis zu den Gnadenwirkungen des zweiten [Sonntags des Monats] Mai 1852 beglückwünschten. Der zweite [Sonntag des Monats] Mai 1852 war in den Köpfen zur fixen Idee geworden, zum Dogma, wie der Tag, an dem Christus wiedererscheinen und das Tausendjährige Reich beginnen sollte, in den Köpfen der Chiliasten. Die Schwäche hatte sich wie immer in den Wunderglauben gerettet, glaubte den Feind überwunden, wenn sie ihn in der Phantasie weghexte, und verlor alles Verständnis der Gegenwart über die tatlosen Verhimmelung der Zukunft, die ihr bevorstehe, und der Taten, die sie in petto habe, aber nur noch nicht an den Mann bringen wolle. Jene Helden, die ihre bewiesene Unfähigkeit dadurch zu widerlegen suchen, daß sie sich wechselseitig ihr Mitleiden schenken und sich zu einem Haufen zusammentun, hatten ihre Bündel geschnürt, strichen ihre Lorbeerkronen auf Vorschuß ein und waren eben damit beschäftigt, auf dem Wechselmarkt die Republiken in partibus diskontieren zu lassen, für die sie bereits in aller Stille ihres anspruchslosen Gemüts das Regierungspersonal vorsorglich organisiert hatten. Der 2.Dezember traf sie wie ein Blitzstrahl aus heiterm Himmel, und die Völker, die in Epochen kleinmütiger Verstimmung sich gern ihre innere Angst von den lautesten Schreiern übertäuben lassen, werden sich vielleicht überzeugt haben, daß die Zeiten vorüber sind, wo das Geschnatter von Gänsen das Kapitol retten konnte.

Die Konstitution, die Nationalversammlung, die dynastischen Parteien, die blauen und die roten Republikaner, die Helden von Afrika, der Donner der Tribüne, das Wetterleuchten der Tagespresse, die gesamte Literatur, die politischen Namen und die geistigen Renommeen, das bürgerliche Gesetz und das peinliche Recht, die liberté, égalité, fraternité und der zweite [Sonntag des Monats] Mai 1852 – alles ist verschwunden wie eine Phantasmagorie vor der Bannformel eines Mannes, den seine Feinde selbst für keinen Hexenmeister ausgeben. Das allgemeine Wahlrecht scheint nur einen Augenblick überlebt zu haben, damit es eigenhändig vor den Augen aller Welt sein Testament mache und im Namen des Volkes selbst erkläre: „Alles, was besteht, ist wert, daß es zugrunde geht".

Es genügt nicht zu sagen, wie die Franzosen tun, daß ihre Nation überrascht worden sei. Einer Nation und einer Frau wird die unbewachte Stunde nicht verziehen, worin der erste beste Abenteurer ihnen Gewalt antun konnte. Das Rätsel wird durch dergleichen Wendungen nicht gelöst, sondern nur anders formuliert. Es bliebe zu erklären, wie eine Nation von 36 Millionen durch drei Industrieritter überrascht und widerstandslos in die Gefangenschaft abgeführt werden kann.

Rekapitulieren wir in allgemeinen Zügen die Phasen, die die französische Revolution vom 24.Februar 1848 bis zum Dezember 1851 durchlaufen hat.

Drei Hauptperioden sind unverkennbar: *die Februarperiode;* 4.Mai 1848 bis zum 28.Mai 1849: *Periode der Konstituierung der Republik* oder der *konstituierenden Nationalversammlung;* 28. Mai 1849 bis zum 2.Dezember 1851: *Perioden der konstitutionellen Republik* oder *der legislativen Nationalversammlung.*

Die *erste Periode* vom 24.Februar oder dem Sturze Louis-Philippes bis zum 4.Mai, dem Zusammentritt der konstituierenden Versammlung, die eigentliche *Februarperiode,* kann als der *Prolog* der Revolution bezeichnet werden. Ihr Charakter sprach sich offiziell darin aus, daß die von ihr improvisierte Regierung sich selbst für *provisorisch* erklärte, und wie die Regierung gab alles, was in dieser Periode angeregt, versucht, ausgesprochen wurde, sich nur für *provisorisch* aus. Niemand und nichts wagte das Recht des Bestehens und der wirklichen Tat für sich in Anspruch zu nehmen. Alle Elemente, die die Revolution vorbereitet oder bestimmt hatten, dynastische Opposition, republikanische Bourgeoisie, demokratisch-republikanisches Kleinbürgertum, sozial-demokratisches Arbeitertum, fanden provisorisch ihren Platz in der Februar *-Regierung.*

Es konnte nicht anders sein. Die Februartage bezweckten ursprünglich eine Wahlreform, wodurch der Kreis der politisch Privilegierten unter der besitzenden Klasse selbst erweitert und die ausschließliche Herrschaft der Finanzaristokratie gestürzt werden sollte. Als es aber zum wirklichen Konflikt kam, das Volk auf die Barrikaden stieg, die Nationalgarde sich passiv verhielt, die Armee keinen ernstlichen Widerstand leistete und das Königtum davonlief, schien sich die Republik von selbst zu verstehn. Jede Partei deutete sie in ihrem Sinn. Von dem Proletariat, die Waffen in der Hand, ertrotzt, prägte es ihr seinen Stempel auf und proklamierte sie als *soziale* Republik. So wurde der allgemeine Inhalt der modernen Revolution angedeutet, der in sonderbarstem Widerspruch stand zu allem, was mit dem vorliegenden Material, mit der erreichten Bildungsstufe der Masse, unter den gegebenen Umständen und

Verhältnissen zunächst unmittelbar ins Werk gesetzt werden konnte. Andererseits wurde der Anspruch aller übrigen Elemente, die zur Februarrevolution mitgewirkt hatten, anerkannt in dem Löwenanteil, den sie an der Regierung erhielten. In keiner Periode finden wir daher ein bunteres Gemisch von überfliegenden Phrasen und tatsächlicher Unsicherheit und Unbeholfenheit, von enthusiastischerem Neuerungsstreben und von gründlicherer Herrschaft der alten Routine, von mehr scheinbarer Harmonie der ganzen Gesellschaft und von tieferer Entfremdung ihrer Elemente. Während das Pariser Proletariat noch in dem Anblicke der großen Perspektive, die sich ihm eröffnet hatte, schwelgte und sich in ernstgemeinten Diskussionen über die sozialen Probleme erging, hatten sich die alten Mächte der Gesellschaft gruppiert, gesammelt, besonnen und fanden eine unerwartete Stütze an der Masse der Nation, den Bauern und Kleinbürgern, die alle auf einmal auf die politische Bühne stürzten, nachdem die Barrieren der Julimonarchie gefallen waren.

Die *zweite Periode* vom 4.Mai 1848 bis Ende Mai 1849 ist die Periode der *Konstituierung, der Begründung der bürgerlichen Republik.* Unmittelbar nach den Februartagen war nicht nur die dynastische Opposition überrascht worden durch die Republikaner, die Republikaner durch die Sozialisten, sondern ganz Frankreich durch Paris. Die Nationalversammlung, die am 4.Mai 1848 zusammentrat, aus den Wahlen der Nation hervorgegangen, repräsentierte die Nation. Sie war ein lebendiger Protest gegen die Zumutungen der Februartage und sollte die Resultate der Revolution auf den bürgerlichen Maßstab zurückführen. Vergebens versuchte das Pariser Proletariat, das den Charakter dieser Nationalversammlung sofort begriff, ihre Existenz gewaltsam wegzuleugnen, sie aufzulösen, die organische Gestalt, worin der reagierende Geist der Nation es bedrohte, wieder in ihre einzelne Bestandteile zu zerstreuen. Der 15.Mai hatte bekanntlich kein anderes Resultat, als Blanqui und Genossen, d.h. die wirklichen Führer der proletarischen Partei, für die ganze Dauer des Zyklus, den wir betrachten, vom öffentlichen Schauplatz zu entfernen.

Auf die *bürgerliche Monarchie* Louis-Philippes kann nur die *bürgerliche Republik* folgen, d.h., wenn unter dem Namen des Königs ein beschränkter Teil der Bourgeoisie geherrscht hat, so wird jetzt im Namen des Volks die Gesamtheit der Bourgeoisie herrschen. Die Forderungen des Pariser Proletariats sind utopistische Flausen, womit geendet werden muß. Auf diese Erklärung der konstituierenden Nationalversammlung antwortete das Pariser Proletariat mit der *Juni-Insurrektion*, dem kolossalsten Ereignis in der Geschichte der europäischen Bürgerkriege. Die bürgerliche Republik siegte. Auf ihrer Seite stand die Finanzaristokratie, die industrielle Bourgeoisie, der Mittelstand, die Kleinbürger, die Armee, das als Mobilgarde organisierte Lumpenproletariat, die geistigen Kapazitäten, die Pfaffen und die Landbevölkerung. Auf der Seite des Pariser Proletariats stand niemand als es selbst. Über 3000 Insurgenten wurden niedergemetzelt nach dem Siege, 15 000 ohne Urteil transportiert. Mit dieser Niederlage tritt das Proletariat in den *Hintergrund* der revolutionären Bühne. Es versucht sich jedesmal wieder vorzudrängen, sobald die Bewegung einen neuen Anlauf zu nehmen scheint, aber mit immer schwächerem Kraftaufwand und stets geringerem Resultat. Sobald eine der höher über ihm liegenden Gesellschaftsschichten in revolutionäre Gärung gerät, geht es eine Verbindung mit ihr ein und teilt so alle Niederlagen, die die verschiedenen Parteien nacheinander erleiden. Aber diese nachträglichen Schläge schwächen sich immer mehr ab, je mehr sie sich auf die ganze Oberfläche der Gesellschaft verteilen. Seine bedeutendsten Führer in der Versammlung und in der Presse fallen der Reihe nach den Gerichten als Opfer, und immer zweideutigere Figuren treten an seine Spitze. Zum Teil wirft es sich auf *doktrinäre Experimente, Tauschbanken und Arbeiterassoziationen, also in eine Bewegung, worin es darauf verzichtet, die alte Welt mit ihren eigenen großen Gesamtmitteln umzuwälzen, vielmehr hinter dem Rücken der Gesellschaft, auf Privatweise, innerhalb seiner beschränkten Existenzbedingungen, seine Erlösung zu vollbringen sucht, also notwendig scheitert.* Es scheint weder in sich selbst die revolutionäre Größe wiederfinden noch aus den neu eingegangenen Verbindungen neue Energie gewinnen zu können, bis *alle Klassen*, womit es im Juni gekämpft, neben ihm selbst platt darniederliegen. Aber wenigstens erliegt es mit den Ehren des großen weltgeschichtlichen Kampfes; nicht nur Frankreich, ganz Europa zittert vor dem Juni-Erdbeben, während die nachfolgenden Niederlagen der höhern Klassen so wohlfeil erkauft werden, daß sie der frechen Übertreibung von seiten der siegenden Partei bedürfen, um überhaupt als Ereignisse passieren zu können, und um so schmachvoller werden, je weiter die unterliegende Partei von der proletarischen entfernt ist.

Die Niederlage der Juni-Insurgenten hatte nun allerdings das Terrain vorbereitet, geebnet, worauf die bürgerliche Republik begründet, aufgeführt werden konnte; aber sie hatte zugleich gezeigt, daß es sich in Europa um andre Fragen handelt als um „Republik oder Monarchie". Sie hatte offenbart, *daß bürgerliche Republik* hier die uneingeschränkte Despotie einer Klasse über andere Klassen bedeute. Sie hatte bewiesen, daß in altzivilisierten Ländern mit entwickelter Klassenbildung, mit modernen Produktionsbedingungen und mit einem geistigen Bewußtsein, worin alle überlieferten Ideen durch jahrhundertelange Arbeit aufgelöst sind, *Republik überhaupt nur die politische Umwälzungsform der bürgerlichen Gesellschaft* bedeutet und nicht ihre *konservative Lebensform*, wie z.B. in den Vereinigten Staaten von Nordamerika, wo zwar schon Klassen bestehn, aber sich noch nicht fixiert haben, sondern in beständigem Flusse fortwährend ihre Bestandteile wechseln und aneinander abtreten, wo die modernen Produktionsmittel, statt mit einer stagnanten Übervölkerung zusammenzufallen, vielmehr den relativen Mangel an Köpfen und Händen ersetzen, und wo endlich die fieberhaft jugendliche Bewegung der materiellen Produktion, die eine neue Welt sich anzueignen hat, weder Zeit noch Gelegenheit ließ, die alte Geisterwelt abzuschaffen.

Alle Klassen und Parteien hatten sich während der Junitage zur *Partei der Ordnung* vereint gegenüber der proletarischen Klasse, als der *Partei der Anarchie*, des Sozialismus, des Kommunismus. Sie hatten die Gesellschaft „gerettet" gegen *"die Feinde der Gesellschaft"*. Sie hatten die Stichworte der alten Gesellschaft, *"Eigentum, Familie, Religion, Ordnung"*, als Parole unter ihr Heer ausgeteilt und der kontrerevolutionären Kreuzfahrt zugerufen: „Unter diesem Zeichen wirst du siegen!“ Von diesem Augenblick, sobald eine der zahlreichen Parteien, die sich unter diesem Zeichen gegen die Juni-Insurgenten geschart hatten, in ihrem eigenen Klasseninteresse den revolutionären Kampfplatz zu behaupten sucht, unterliegt sie vor dem Rufe: „Eigentum, Familie, Religion, Ordnung“. Die Gesellschaft wird ebensooft gerettet, als sich der Kreis ihrer Herrscher verengt, als ein exklusiveres Interesse dem weiteren gegenüber behauptet wird. Jede Forderung der einfachsten bürgerlichen Finanzreform, des ordinärsten Liberalismus, des formalsten Republikanertums, der plattesten Demokratie, wird gleichzeitig als „Attentat auf die Gesellschaft“ bestraft und als „Sozialismus“ gebrandmarkt. Und schließlich werden die Hohenpriester der „Religion und Ordnung“ selbst mit Fußtritten von den Pythiastühlen verjagt, bei Nacht und Nebel aus ihren Betten geholt, in Zellenwagen gesteckt, in Kerker geworfen oder ins Exil geschickt, ihr Tempel wird der Erde gleichgemacht, ihr Mund wird versiegelt, ihre Feder zerbrochen, ihr Gesetz zerrissen, im Namen der Religion, des Eigentums, der Familie, der Ordnung. Ordnungsfanatische Bourgeoisie auf ihren Balkonen werden von besoffenen Soldatenhaufen zusammengeschossen, ihre Häuser werden zum Zeitvertreib bombardiert – im Namen des Eigentums, der Familie, der Religion und der Ordnung. Der Auswurf der bürgerlichen Gesellschaft bildet schließlich die *heilige Phalanx der Ordnung*, und Held Krapülinski zieht in die Tuilerien ein als *“Retter der Gesellschaft“*.

Nehmen wir den Faden der Entwicklung wieder auf.

Die Geschichte der *konstituierenden Nationalversammlung* seit den Junitagen ist die G*eschichte der Herrschaft und Auflösung der republikanischen Bourgeoisfraktion*, jener Fraktion, die man unter dem Namen trikolore Republikaner, reine Republikaner, formalistische Republikaner usw. kennt.

Sie hatte unter der bürgerlichen Monarchie Louis-Philippes die *offizielle* republikanische *Opposition* und daher einen anerkannten Bestandteil der damaligen politischen Welt gebildet. Sie besaß ihre

Vertreter in den Kammern, und in der Presse einen bedeutenden Wirkungskreis. Ihr Pariser Organ, der „National“, galt in seiner Weise für ebenso respektabel als das „Journal des Débats“. Dieser Stellung unter der konstitutionellen Monarchie entsprach ihr Charakter. Es war dies keine durch große gemeinsame Interessen zusammengehaltene und durch eigentümliche Produktionsbedingungen abgegrenzte Fraktion der Bourgeoisie. Es war eine Koterie von republikanisch gesinnten Bourgeois, Schriftstellern, Advokaten, Offizieren und Beamten, deren Einfluß auf den persönlichen Antipathien des Landes gegen Louis-Philippe, auf Erinnerungen an die alte Republik, auf dem republikanischen Glauben einer Anzahl von Schwärmern, vor allem aber auf dem *französischen Nationalismus* beruhte, dessen Haß gegen die Wiener Verträge und gegen die Allianz mit England sie fortwährend wachhielt. Einen großen Teil des Anhangs, den der „National“ unter Louis-Philippe besaß, schuldete er diesem versteckten Imperialismus, der ihm daher später unter der Republik als ein vernichtender Konkurrent in der Person Louis Bonaparte gegenübertreten konnte. Die Finanzaristokratie bekämpfte er, wie die ganze übrige bürgerliche Opposition es tat. Die Polemik gegen das Budget, die in Frankreich genau mit der Bekämpfung der Finanzaristokratie zusammenhing, verschaffte eine zu wohlfeile Popularität und zu reichhaltigen Stoff zu puritanischen leading articles, um nicht ausgebeutet zu werden. Die industrielle Bourgeoisie war ihm dankbar für seine sklavische Verteidigung des französischen Schutzzollsystems, das er indes auf mehr nationale als nationalökonomischen Gründe hin aufnahm, die Gesamtbourgeoisie für seine gehässigen Denunziationen des Kommunismus und Sozialismus. Im übrigen war die Partei des „National“ *rein republikanisch*, d.h. sie verlangte eine republikanische statt einer monarchischen Form der Bourgeoisherrschaft und vor allem ihren Löwenanteil an dieser Herrschaft. Über die Bedingungen dieser Umwandlung war sie sich durchaus nicht klar. Was ihr dagegen sonnenklar war und auf den Reformbanketten in der letzten Zeit Louis-Philippes öffentlich erklärt wurde, war ihre Unpopularität bei den demokratischen Kleinbürgern und insbesondere bei dem revolutionären Proletariat. Diese reinen

Republikaner, wie reine Republikaner denn sind, standen auch schon auf dem Sprunge, sich zunächst mit einer Regentschaft der Herzogin von Orléans zu begnügen, als die Februarrevolution ausbrach und ihren bekanntesten Vertretern einen Platz in der provisorischen Regierung anwies. Sie besaßen natürlich von vorn herein das Vertrauen der Bourgeoisie und die Majorität der konstituierenden Versammlung. Aus der Exekutivkommision, welche die Nationalversammlung bei ihrem Zusammentritt bildete, wurde sofort die *sozialistischen* Elemente der provisorischen Regierung ausgeschlossen, und die Partei des „National" benutzte den Ausbruch der Juni-Insurrektion, um auch die *Exekutivkommission* abzudanken und damit ihre nächsten Rivalen, die *kleinbürgerlichen* oder *demokratischen Republikaner* (Ledru-Rollin usw.) loszuwerden. Cavaignac, der General der bourgeois-republikanischen Partei, der die Junischlacht kommandierte, trat an die Stelle der Exekutivkommission mit einer Art diktatorischer Gewalt. Marrast, ehemaliger Redakteur en chef des „National", wurde der perpetuierliche Präsident der konstituierenden Nationalversammlung, und die Ministerien, wie sämtliche übrigen bedeutenden Posten, fielen den reinen Republikanern anheim.

Die republikanische Bourgeoisfraktion, die sich seit lange als legitime Erbin der Julimonarchie betrachtet hatte, fand sich so in ihrem Ideal übertroffen, aber sie gelangte zur Herrschaft, nicht, wie sie unter Louis-Philippe geträumt hatte, durch eine liberale Revolte der Bourgeoisie gegen den Thron, sondern durch eine niederkartätschte Emeute des Proletariats gegen das Kapital. Was sie als das *revolutionärste* Ereignis sich vorgestellt hatte, trug sich in Wirklichkeit zu als das *kontrerevolutionärste*. Die Frucht fiel ihr in den Schoß, aber sie fiel vom Baum der Erkenntnis, nicht vom Baum des Lebens.

Die ausschließliche *Herrschaft der Bourgeois-Republikaner* währte nur vom 24.Juni bis zum 10.Dezember 1848. Sie resümiert sich in der *Abfassung einer republikanischen Konstitution* und im *Belagerungszustand von Paris*.

Die neue *Konstitution* war im Grunde nur die republikanisierte Ausgabe der konstitutionellen Charte von 1830. Der enge Wahlzensus der Julimonarchie, der selbst einen großen Teil der Bourgeoisie von der politischen Herrschaft ausschloß, war unvereinbar mit der Existenz bürgerlichen Republik. Die Februarrevolution hatte sofort an der Stelle dieses Zensus das direkte allgemeine Wahlrecht proklamiert. Die Bourgeois-Republikaner konnten dieses Ereignis nicht ungeschehen machen. Sie mußten sich damit begnügen, die beschränkende Bestimmung eines sechsmonatlichen Domizils am Wahlorte hinzuzufügen. Die alte Organisation der Verwaltung, des Gemeindewesens, der Rechtspflege, der Armee usw. blieb unversehrt bestehen, oder wo die Konstitution sie änderte, betraf die Änderung das Inhaltsregister, nicht den Inhalt, den Namen, nicht die Sache.

Der unvermeidliche Generalstab der Freiheiten von 1848, persönliche Freiheit, Preß-, Rede-, Assoziations-, Versammlungs-, Lehr- und Religionsfreiheit usw. erhielt eine konstitutionelle Uniform, die sie unverwundbar machte. Jede dieser Freiheiten wird nämlich als das *unbedingte* Recht des französischen Citoyen proklamiert, aber mit der beständigen Randglosse, daß sie schrankenlos sei, soweit sie nicht durch die *"gleichen Rechte anderer* und die *öffentliche Sicherheit"* beschränkt werde, oder durch „Gesetze", die eben diese Harmonie der individuellen Freiheiten untereinander und mit der öffentlichen Sicherheit vermitteln sollen. Z.B.: „Die Bürger haben das Recht, sich zu assoziieren, sich friedlich und unbewaffnet zu versammeln, zu petitionieren und ihre Meinungen durch die Presse oder wie sonst immer auszudrücken. *Der Genuß dieser Rechte hat keine andre Schranke als die gleichen Rechte andrer und die öffentliche Sicherheit.*"(Kap. II der französischen Konstitution, §8.) – „Der Unterricht ist frei. Die Freiheit des Unterrichts soll *genossen* werden unter den vom Gesetze fixierten Bedingungen und unter der Oberaufsicht des Staats." (A.a.O., §9.) – „Die Wohnung jedes Bürgers ist unverletzlich *außer* in den vom Gesetz vorgeschriebenen Formen." (Kap. II, §3.) Usw. usw. – Die Konstitution weist daher beständig auf zukünftige *organische* Gesetze hin, die jene Randglossen ausführen und den Genuß dieser unbeschränkten Freiheiten so regulieren sollen, daß sie werde untereinander noch mit der öffentlichen Sicherheit anstoßen. Und später sind diese organischen Gesetze von den Ordnungsfreunden ins Lebens gerufen und alle jene Freiheiten so reguliert worden, daß die Bourgeoisie in deren Genuß an den gleichen Rechten der andern Klassen keinen Anstoß findet. Wo sie „den andern" diese Freiheiten ganz untersagt oder ihren Genuß unter Bedingungen erlaubt, die ebenso viele Polizeifallstricke sind, geschah dies immer nur im Interesse der *"öffentlichen Sicherheit"*, d.h. der Sicherheit der Bourgeoisie, wie die Konstitution vorschreibt. Beide Seiten berufen sich daher in der Folge mit vollem Recht auf die Konstitution, sowohl die Ordnungsfreunde, die alle jene Freiheiten aufhoben, wie die Demokraten, die sie alle herausverlangten. Jeder Paragraph der Konstitution enthält nämlich seine eigene Antithese, sein eignes Über- und Unterhaus in sich, nämlich in der allgemeinen Phrase die Freiheit, in der Randglosse die Aufhebung der Freiheit. Solange also der *Name* der Freiheit respektiert und nur die wirkliche Ausführung derselben verhindert wurde, auf gesetzlichem Wege versteht sich, blieb das konstitutionelle Dasein der Freiheit unversehrt, unangetastet, mochte ihr *gemeines* Dasein noch so sehr totgeschlagen sein.

Diese auf so sinnige Weise unverletzlich gemachte Konstitution war indes wie Achilles an einem Punkte verwundbar, nicht an der Ferse, aber am Kopfe oder vielmehr an den zwei Köpfen, worin sie sich verlief - *gesetzgebende Versammlung* einerseits, *Präsident* andererseits. Man durchfliege die Konstitution, und man wird finden, daß nur die Paragraphen, worin das Verhältnis des Präsidenten zur gesetzgebenden Versammlung bestimmt wird, absolut, positiv, widerspruchslos, unverdrehbar sind. Hier galt es nämlich für die Bourgeois-Republikaner, sich selbst sicherzustellen. §§ 45 – 70 der Konstitution sind so abgefaßt, daß die Nationalversammlung den Präsidenten konstitutionell, der Präsident die Nationalversammlung nur inkonstitutionell beseitigen kann, nur indem er die Konstitution selbst beseitigt. Hier forderte sie also ihre gewaltsame Vernichtung heraus. Sie heiligte nicht nur wie die Charte von 1830 die Teilung der Gewalten, sie erweiterte sie bis zum unerträglichen Widerspruch. Das *Spiel der konstitutionellen Gewalten*, wie Guizot den parlamentarischen Krakeel zwischen gesetzgebender und vollziehender Gewalt nannte, spielt in der Konstitution von 1848 beständig va banque. Auf der einen Seite 750 durch allgemeines Stimmrecht gewählte und wieder wählbare Volksrepräsentanten, die eine unkontrollierbare, unauflösbare, unteilbare Nationalversammlung bilden, eine Nationalversammlung, welche gesetzgeberische Allmacht genießt, über Krieg, Frieden und Handelsverträge in letzter Instanz entscheidet, allein das Recht der Amnestie besitzt und durch ihre Permanenz unaufhörlich den Vordergrund der Bühne behauptet. Andrerseits der Präsident, mit allen Attributen der königlichen Macht, mit der Befugnis, seine Minister unabhängig von der Nationalversammlung ein- und abzusetzen, mit allen Mitteln der exekutiven Gewalt in seinen Händen, alle Stellen vergebend und d.h. in Frankreich wenigsten 1 ½ Millionen Existenzen entscheidend, denn so viel hängen an den 500 000 Beamten und an den Offizieren aller Grade. Er hat die ganze bewaffnete Macht hinter sich. Er genießt das Privilegium, einzelne Verbrecher zu begnadigen, Nationalgarden zu suspendieren, die von den Bürgern selbst erwählten General-, Kantonal- und Gemeinderäte im Einverständnis mit dem Staatsrat abzusetzen. Initiative und Leitung aller Verträge mit dem Ausland sind ihm vorbehalten. Während die Versammlung beständig auf den Brettern spielt und dem kritisch gemeinen Tageslicht ausgesetzt ist, führt er ein verborgenes Leben in den elyseeischen Gefilden, und zwar mit dem Artikel 45 der Konstitution vor Augen und im Herzen, der ihm täglich zuruft: „Frère, il faut mourir!“ Deine Macht hört auf am zweiten Sonntag des schönen Monats Mai im vierten Jahr deiner Wahl! Dann ist die Herrlichkeit am Ende, das Stück spielt nicht zweimal, und wenn du Schulden hast, siehe beizeiten zu, daß du sie mit den dir von der Konstitution ausgeworfenen 600 000 Franken abzahlst, ziehst du nicht etwa vor, am zweiten Montag des schönen Monats Mai nach Clichy zu wandern! – Wenn die Konstitution so dem Präsidenten die faktische Macht beilegt, sucht sie der Nationalversammlung die moralische Macht zu sichern. Abgesehen davon, daß es unmöglich ist, durch Gesetzesparagraphen eine moralische Macht zu schaffen, hebt die Konstitution sich hierin wieder selbst auf, indem sie den Präsidenten von allen Franzosen durch direktes Stimmrecht wählen läßt. Während die Stimmen Frankreichs sich auf die 750 Mitglieder der Nationalversammlung zersplittern, konzentrieren sie sich dagegen hier auf *ein* Individuum. Während jeder einzelne Volksrepräsentant nur diese oder jene Partei, diese oder jene Stadt, diesen oder jenen Brückenkopf oder auch nur die Notwendigkeit vertritt, einen beliebigen Siebenhundertfünfzigsten zu wählen, bei dem man sich weder die Sache noch den Mann so genau ansieht, ist *er* der Erwählte der Nation, und der Akt seiner Wahl ist der große Trumpf, den das souveräne Volk alle vier Jahre einmal ausspielt. Die erwählte Nationalversammlung steht in einem metaphysischen, aber der erwählte Präsident in einem persönlichen Verhältnis zur Nation. Die Nationalversammlung stellt wohl in ihren einzelnen Repräsentanten die mannigfaltigen Seiten des Nationalgeistes dar, aber in dem Präsidenten inkarniert er sich. Er besitzt ihr gegenüber eine Art von göttlichem Recht, er ist von Volkes Gnaden.

Thetis, die Meergöttin, hatte dem Achilles prophezeit, daß er in der Blüte der Jugend sterben werde. Der Konstitution, die ihren faulen Fleck hat, wie Achilles, hatte auch ihre Ahnung, wie Achilles, daß sie frühen Todes abgehen müsse. Es genügte den konstituierenden reinen Republikanern, einen Blick aus dem Wolkenhimmel ihrer idealen Republik auf die profane Welt zu werfen, um zu erkennen, wie der Übermut der Royalisten, der Bonapartisten, der Demokraten, der Kommunisten und ihr eigner Mißkredit täglich stiegen, in demselben Maße, als sie sich der Vollendung ihres großen gesetzgeberischen Kunstwerks näherten, ohne daß Thetis deshalb das Meer zu verlassen und ihnen das Geheimnis mitzuteilen brauchte. Sie suchten das Verhängnis konstitutionell-pfiffig zu überlisten durch § 111 der Konstitution, wonach jeder Vorschlag zur *Revision der Verfassung* in drei sukzessiven Debatten, zwischen denen immer ein ganzer Monat zu liegen hat, von wenigsten ¾ der Stimmen votiert werden muß, vorausgesetzt noch, daß nicht weniger als 500 Mitglieder der Versammlung stimmen. Sie machten damit nur den ohnmächtigen Versuch, noch als parlamentarische Minorität, als welche sie sich schon prophetisch im Geiste erblickten, eine Macht auszuüben, die in diesem Augenblicke, wo sie über die parlamentarische Majorität verfügten und über alle Mittel der Regierungsgewalt, täglich mehr ihren schwachen Händen entschlüpfte.

Endlich vertraute die Konstitution, in einem melodramatischen Paragraphen, sich selbst „der Wachsamkeit und dem Patriotismus des ganzen französischen Volkes wie jedes einzelnen Franzosen" an, nachdem sie vorher schon in einem andern Paragraphen die „Wachsamen" und „Patriotischen" der zarten, hochnotpeinlichen Aufmerksamkeit des eigens von ihr erfundenen Hochgerichts, „haute cour" anvertraut hatte.

Das war die Konstitution von 1848, die am 2.Dezember 1851 nicht von einem Kopfe umgeworfen wurde, sondern vor der Berührung mit einem bloßen Hute umfiel; allerdings war der Hut ein dreieckiger Napoleonshut.

Während die Bourgeois-Republikaner in der Versammlung damit beschäftigt waren, diese Konstitution auszuspintisieren, zu diskutieren und zu votieren, hielt Cavaignac außerhalb der Versammlung den *Belagerungszustand von Paris* aufrecht. Der Belagerungszustand von Paris war der Geburtshelfer der Konstituante bei ihren republikanischen Schöpfungswehen. Wenn die Konstitution später durch Bajonette aus der Welt geschafft wird, so darf man nicht vergessen, daß sie ebenfalls durch Bajonette, und zwar gegen das Volk gekehrte, schon im Mutterleib beschützt und durch Bajonette auf die Welt gesetzt werden mußte. Die Vorfahren der „honetten Republikaner" hatten ihr Symbol, die Trikolore, die Tour durch Europa machen lassen. Sie ihrerseits machten auch eine Erfindung, die von selbst den Weg über den ganzen Kontinent fand, aber mit immer erneuter Liebe nach Frankreich zurückkehrte, bis sie jetzt in der Hälfte seiner Departements Bürgerrecht erworben hat - den *Belagerungszustand*. Treffliche Erfindung, periodisch angewandt in jeder nachfolgenden Krise im Laufe der französischen Revolution. Aber Kaserne und Biwak, die man so der französischen Gesellschaft periodisch auf den Kopf legte, um ihr das Gehirn zusammenzupressen und sie zu stillen Manne zu machen; Säbel und Muskete, die man periodisch richten und verwalten, bevormunden und zensieren, Polizei üben und Nachtwächterdienst verrichten ließ; Schnurrbart und Kommißrock, die man periodisch als höchste Weisheit der Gesellschaft und als Rektor der Gesellschaft ausposaunte – mußten Kaserne und Biwak, Säbel und Muskete, Schnurrbart und Kommißrock nicht schließlich auf den Einfall kommen, lieber ein für allemal die Gesellschaft zu retten, indem sie ihr eigenes Regime als das oberste ausriefen und die bürgerliche Gesellschaft ganz von der Sorge befreiten, sich selbst zu regieren? Kaserne und Biwak, Säbel und Muskete, Schnurrbart und Kommißrock mußten um so mehr auf diesen Einfall kommen, als sie dann auch bessere bare Zahlung für ihr erhöhtes Verdienst erwarten konnten, während bei dem bloß periodischen Belagerungszustand und den vorübergehenden Gesellschaftsrettungen im Geheiß dieser oder jener Bourgeoisiefraktion wenig Solides abfiel außer einigen Toten und Verwundeten und einigen freundlichen Bürgergrimassen. Sollte das Militär nicht endlich auch einmal in seinem eigenen Interesse und für sein eignes Interesse Belagerungszustand spielen und zugleich die bürgerlichen Börsen belagern? Man vergesse übrigens nicht, im Vorbeigehn sei es bemerkt, daß *Oberst Bernhard*, derselbe Militärkommisions-Präsident, der unter Cavaignac 15 000 Insurgenten zur Deportation ohne Urteil verhalf, sich in diesem Augenblick wieder an der Spitze der in Paris tätigen Militärkommissionen bewegt.

Wenn die honetten, die reinen Republikaner, mit dem Belagerungszustand in Paris die Pflanzschule anlegte, worin die Prätorianer des 2.Dezember 1851 großwachsen sollten, verdienen sie dagegen das Lob, daß sie, statt wie unter Louis-Philippe das Nationalgefühl zu übertreiben, jetzt, wo sie über die nationale Macht geboten, vor dem Auslande kriechen und, statt Italien frei zu machen, es von Österreichern und Neapolitanern wiedererobern lassen. Louis Bonapartes Wahl zum Präsidenten am 10.Dezember 1848 machte der Diktatur Cavaignacs und der Konstituante ein Ende.

In $ 44 der Konstitution heißt es: „Der Präsident der Französischen Republik darf nie seine Eigenschaft als französischer Bürger verloren haben." Der erste Präsident der Französischen Republik, L.-N. Bonaparte, hatte nicht allein seine Eigenschaft als französischer Bürger verloren, war nicht nur englischer Spezial-Konstabler gewesen, er war sogar ein naturalisierter Schweizer.

Ich habe an einem andern Orte die Bedeutung der Wahl vom 10.Dezember entwickelt. (MEW Bd. 7, S. 44/45) Ich komme hier nicht darauf zurück. Es genügt hier zu bemerken, daß sie eine *Reaktion der Bauern*, die die Kosten der Februarrevolution hatten zahlen müssen, gegen die übrigen Klassen der Nation, eine *Reaktion des Landes gegen die Stadt* war. Sie fand großen Anklang in der Armee, der die Republikaner des „National" keinen Ruhm verschafft hatten, noch Zulage, unter der großen Bourgeoisie, die den Bonaparte als Brücke zur Monarchie, unter den Proletariern und Kleinbürgern, die ihn als Geißel für Cavaignac begrüßten. Ich werde später Gelegenheit finden, auf das Verhältnis der *Bauern* zur französischen Revolution näher einzugehn.

Die Epoche vom 20.Dezember 1848 bis zur Auflösung der Konstituante im Mai 1849 umfaßt die Geschichte des Untergangs der Bourgeois-Republikaner. Nachdem sie eine Republik für die Bourgeoisie gegründet, das revolutionäre Proletariat von dem Terrain vertrieben und das demokratische Kleinbürgertum einstweilen zum Schweigen gebracht haben, werden sie selbst von der Masse der Bourgeoisie beiseite geschoben, die diese Republik mit Recht als *ihr Eigentum* mit Beschlag belegt. Diese Bourgeoisiemasse war aber *royalistisch*. Ein Teil derselben, die großen Grundeigentümer, hatte unter der *Restauration* geherrscht und war daher *legitimistisch*. Der andre, die Finanzaristokraten und großen Industriellen, hatte unter der Julimonarchie geherrscht und war daher *orleanistisch*. Die Großwürdenträger der Armee, der Universität, der Kirche, des Barreaus, der Akademie und der Presse verteilten sich auf beide Seiten, wenn auch in verschiedener Proportion. Hier in der bürgerlichen Republik, die weder den Namen *Bourbon* noch den Namen *Orléans* trug, sondern den Namen *Kapital*, hatten sie die Staatsform gefunden, worin sie *gemeinsam* herrschen konnten. Schon die Juni-Insurrektion hatte sie zur „Partei der Ordnung" vereinigt. Jetzt galt es zunächst, die Koterie der Bourgeois-Republikaner zu beseitigen, die noch die Sitze der Nationalversammlung innehielt. Ebenso brutal, wie diese reinen Republikaner dem Volke gegenüber die physische Gewalt mißbraucht hatten, ebenso feig, kleinlaut, mutlos, gebrochen, kampfunfähig wichen sie jetzt zurück, wo es galt, der exekutiven Gewalt und den Royalisten gegenüber ihr Republikanertum und ihr gesetzgeberisches Recht zu behaupten. Ich habe hier nicht die schmähliche Geschichte ihrer Auflösung zu erzählen. Es war ein Vergehen, kein Untergehen. Ihre Geschichte hat für immer ausgespielt, und in der folgenden Periode figurieren sie, sei es innerhalb, sei es außerhalb der Versammlung, nur noch als Erinnerungen, Erinnerungen, die wieder lebendig zu werden scheinen, sobald es sich wieder um den bloßen Namen Republik handelt und sooft der revolutionäre Konflikt auf das niedrigste Niveau herabzusinken droht. Ich bemerke im Vorbeigehn, daß das Journal, welches der Partei ihren Namen gab, der „National“, sich in der folgenden Periode zum Sozialismus bekehrte.

Ehe wir mit dieser Periode abschließen, müssen wir noch einen Rückblick auf die beiden Mächte werfen, von denen die eine die andere am 2.Dezember 1851 vernichtet, während sie vom 20.Dezember 1848 bis zum Abtritt der Konstituante in ehelichem Verhältnisse lebten. Wir meinen Louis Bonaparte einerseits und die Partei der koalisierten Royalisten, der Ordnung, der großen Bourgeoisie anderseits. Beim Antritt seiner Präsidentschaft bildete Bonaparte sofort ein Ministerium der Partei der Ordnung, an dessen Spitze er Odilon Barrot stellte, notabene den alten Führer der liberalsten Fraktion der parlamentarischen Bourgeoisie. Herr Barrot hatte endlich das Ministerium erjagt, dessen Gespenst ihn seit 1830 verfolgte, und noch mehr, die Präsidentschaft in diesem Ministerium; aber nicht, wie er sich unter Louis-Philippe eingebildet, als der avancierteste Chef der parlamentarischen Opposition, sondern mit der Aufgabe, ein Parlament totzumachen, und als Verbündeter mit allen seinen Erzfeinden, Jesuiten und Legitimisten. Er führte endlich die Braut heim, aber erst nachdem sie prostituiert war. Bonaparte selbst eklipsierte sich scheinbar vollständig. Jene Partei handelte für ihn.

Gleich im ersten Ministerkonseil wurde die Expedition nach Rom beschlossen, die man hinter dem Rücken der Nationalversammlung auszuführen und wofür man ihr die Mittel unter falschem Vorwande zu entreißen übereinkam. So wurde begonnen mit einer Prellerei der Nationalversammlung und einer heimlichen Konspiration mit den absoluten Mächten des Auslandes gegen die revolutionäre Römische Republik. Bonaparte bereitete auf dieselbe Weise und durch dieselben Manöver seinen Coup vom 2.Dezember gegen die royalistische Legislative und ihre konstitutionelle Republik vor. Vergessen wir nicht, daß dieselbe Partei, die am 20.Dezember 1848 Bonapartes Ministerium, am 2.Dezember 1851 die Majorität der legislativen Nationalversammlung bildete.

Die Konstituante hatte im August beschlossen, sich erst aufzulösen, nachdem sie eine ganze Reihe organischer Gesetze, die die Konstituante ergänzen sollten, ausgearbeitet und promulgiert habe. Die Ordnungspartei ließ ihr durch den Repräsentanten Rateau am 6.Januar 1849 vorschlagen, die organischen Gesetze laufen zu lassen und vielmehr ihre *eigene Auflösung* zu beschließen. Nicht nur das Ministerium, Herr Odilon Barrot an der Spitze, sämtliche royalistischen Mitglieder der Nationalversammlung herrschten ihr in diesem Augenblicke zu, ihre Auflösung sei notwendig zur Herstellung des Kredits, zur Konsolidierung der Ordnung, um dem unbestimmten Provisorium ein Ende zu machen und einen definitiven Zustand zu gründen, sie hindre die Produktivität der neuen Regierung und suche ihr Dasein bloß aus Ranküne zu fristen, das Land sei ihrer müde. Bonaparte merkte sich alle diese Invektiven gegen die gesetzgebende Gewalt, lernte sie auswendig und bewies den parlamentarischen Royalisten am 2.Dezember 1851, daß er von ihnen gelernt habe. Er wiederholte ihre eignen Stichworte gegen sie.

Das Ministerium Barrot und die Ordnungspartei gingen weiter. Sie riefen *Petitionen an die Nationalversammlung* in ganz Frankreich hervor, worin diese freundlichst gebeten wurde zu verschwinden. So führten sie gegen die Nationalversammlung, den konstitutionell organisierten Ausdruck des Volkes, seine unorganischen Massen ins Feuer. Sie lehrten

Bonaparte von den parlamentarischen Versammlungen an des Volk zu appellieren. Endlich am 29.Januar 1849 war der Tag gekommen, an dem die Konstituante über ihre eigene Auflösung beschließen sollte. Die Nationalversammlung fand ihren Sitzungsgebäude militärisch besetzt; Changarnier, der General der Ordnungspartei, in dessen Händen der Oberbefehl über Nationalgarde und Linientruppen vereinigt war, hielt große Truppenschau in Paris, als wenn eine Schlacht bevorstehe, und die koalisierten Royalisten erklärten der Konstituante drohend, daß man Gewalt anwenden werde, wenn sie nicht willig sei. Sie war willig und marktete sich nur noch eine ganz kurze Lebensfrist aus. Was war der 29.Januar anders als der coup d'état vom 2.Dezember 1851, nur mit Bonaparte von den Royalisten gegen die republikanische Nationalversammlung ausgeführt? Die Herren bemerkten nicht oder wollten nicht merken, daß Bonaparte den 29.Januar 1849 benutzte, um einen Teil der Truppen vor den Tuilerien an sich vorbeidefilieren zu lassen und gerade dies erste öffentliche Aufgebot der Militärmacht gegen die parlamentarische Macht begierig aufgriff, um den Caligula anzudeuten. Sie sahen allerdings nur ihren Changarnier.

Ein Motiv, das die Partei der Ordnung noch insbesondere bewog, die Lebensdauer die Konstituante gewaltsam abzukürzen, waren die *organischen*, die Konstitution ergänzenden Gesetze, wie das Unterrichtsgesetz, Kultusgesetz usw. Den koalisierten Royalisten lag alles daran, diese Gesetze selbst zu machen und nicht von den mißtrauisch gewordenen Republikanern machen zu lassen. Unter diesen organischen Gesetzen befand sich indes auch ein Gesetz über die Verantwortlichkeit des Präsidenten der Republik. 1851 war die legislative Versammlung eben mit der Abfassung eines solchen Gesetzes beschäftigt, als Bonaparte diesem Coup durch den Coup vom 2.Dezember zuvorkam. Was hätten die koalisierten Royalisten in ihrem parlamentarischen Winterfeldzug von 1851 darum gegeben, wenn sie das Verantwortlichkeitsgesetz fertig vorgefunden, und zwar verfaßt von einer mißtrauischen, gehässigen, republikanischen Versammlung!

Nachdem am 29.Januar 1849 die Konstituante ihre letzte Waffe selbst zerbrochen hatte, hetzten das Ministerium Barrot und die Ordnungsfreunde sie zu Tode, ließen nichts ungeschehn, was sie demütigen konnte, und trotzten ihrer an sich selbst verzweifelnden Schwäche Gesetze ab, die sie den letzten Rest von Achtung bei dem Publikum kosteten. Bonaparte, mit seiner fixen napoleonischen Idee beschäftigt, war keck genug, diese Herabwürdigung der parlamentarischen Macht öffentlich zu exploitieren. Als nämlich die Nationalversammlung am 8.Mai 1849 dem Ministerium ein Tadelsvotum wegen der Besetzung Civitaveccias durch Oudinot erteilte und die römische Expedition zu ihrem angeblichen Zweck zurückzuführen befahl, publizierte Bonaparte denselben Abend im „Moniteur" einen Brief an Oudinot, worin er ihm zu seinen Heldentaten Glück wünscht und sich schon im Gegensatz zu den federfuchsenden Parlamentären als den großmütigen Protekteur der Armee gebärdet. Die Royalisten lächelten dazu. Sie hielten ihn einfach für ihren dupe GimpelEndlich als Marrast, der Präsident der Konstituante, einen Augenblick die Sicherheit der Nationalversammlung gefährdet glaubte und auf die Konstitution gestützt einen Oberst mit seinem Regimente requirierte, weigerte sich der Oberst, bezog sich auf die Disziplin und verwies Marrast an Changarnier, der ihn höhnisch abwies mit der Bemerkung, er liebe nicht die bayonettes intelligentes. November 1851, als die koalisierten Royalisten den entscheidenden Kampf mit Napoleon beginnen wollten, suchten sie in ihrer berüchtigten *Quästorenbill* das Prinzip der direkten Requisition der Truppen durch den Präsidenten der Nationalversammlung durchzusetzen. Einer ihrer Generale, Le Flô, hatte den Gesetzesvorschlag unterzeichnet. Vergebens stimmte Changarnier für den Vorschlag und huldigte Thiers der umsichtigen Weisheit der ehemaligen Konstituante. Der *Kriegsminister St-Arnaud* antwortete ihm, wie dem Marrast Changarnier geantwortet hatte, und – unter dem Beifall der Montagne!

So hatte die *Partei der Ordnung* selbst, als sie noch nicht Nationalversammlung, als sie nur noch Ministerium war, das *parlamentarische Regime* gebrandmarkt. Und sie schreit auf, als der 2.Dezember 1851 es aus Frankreich verbannt!

Wir wünschen ihm glückliche Reise.

Am 28.Mai 1849 trat die gesetzgebende Nationalversammlung zusammen. Am 2.Dezember 1851 ward sie gesprengt. Diese Periode umfaßt die Lebensdauer der *konstitutionellen oder parlamentarischen Republik*.

In der ersten französischen Revolution folgt auf die Herrschaft der *Konstitutionellen* die Herrschaft der *Girondins* und auf die Herrschaft der *Girondins* die Herrschaft der *Jakobiner*. Jede dieser Parteien stützt sich auf die fortgeschrittenere. Sobald sie die Revolution weit genug geführt hat, um ihr nicht mehr zu folgen, noch weniger ihr vorangehen zu können, wird sie von dem kühneren Verbündeten, der hinter ihr steht, beiseite geschoben und auf die Guillotine geschickt. Die Revolution bewegt sich so in aufsteigender Linie.

Umgekehrt die Revolution von 1848. Die proletarische Partei erscheint als Anhang der kleinbürgerlich-demokratischen. Sie wird von ihr verraten und fallengelassen am 16.April, am 15.Mai und in den Junitagen. Die demokratische Partei ihrerseits lehnt sich auf die Schultern der bourgeois-republikanischen. Der Bourgeois-Republikaner glauben kaum fest zu stehen, als sie den lästigen Kameraden abschütteln und sich selbst auf die Schultern der Ordnungspartei stützen. Die Ordnungspartei zieht ihre Schultern ein, läßt die Bourgeois-Republikaner purzeln und wirft sich auf die Schultern der bewaffneten Gewalt. Sie glaubt noch auf ihren Schultern zu sitzen, als sie an einem schönen Morgen bemerkt, daß sich die Schultern in Bajonette verwandelt haben. Jede Partei schlägt von hinten aus nach der weiterdrängenden und lehnt sich von vorn über auf die zurückdrängende. Kein Wunder, daß sie in dieser lächerlichen Positur das Gleichgewicht verliert und, nachdem sie die unvermeidlichen Grimassen geschnitten, unter seltsamen Kapriolen zusammenstürzt. Die Revolution bewegt sich so in absteigender Linie. Sie befindet sich in dieser rückgängigen Bewegung, ehe die letzte Februarbarrikade weggeräumt und die erste Revolutionsbehörde konstituiert ist.

Die Periode, die wir vor uns haben, umfaßt das bunteste Gemisch schreiender Widersprüche: Konstitutionelle, die offen gegen die Konstitution konspirieren, Revolutionäre, die eingestandenermaßen konstitutionell sind, eine Nationalversammlung, die allmächtig sein will und stets parlamentarisch bleibt; eine Montagne, die im Dulden ihren Beruf findet und durch die Prophezeiung künftiger Siege ihre gegenwärtige Niederlagen pariert; Royalisten, die die patres conscripti der Republik bilden und durch die Situation gezwungen werden, die feindlichen Königshäuser, denen sie anhängen, im Auslande, und die Republik, die sie hassen, in Frankreich zu halten; eine Exekutivgewalt, die in ihrer Schwäche selbst ihre Kraft und in der Verachtung, die sie einflößt, ihre Respektabilität findet, eine Republik, die nichts anderes ist als die zusammengesetzte Infamie zweier Monarchien, der Restauration und der Julimonarchie, mit einer imperialistischen Etikette – Verbindungen, deren erste Klausel die Trennung, Kämpfe, deren erstes Gesetz die Entscheidungslosigkeit ist, im Namen der Ruhe wüste, inhaltslose Agitation, im Namen der Revolution feierlichstes Predigen der Ruhe, Leidenschaften ohne Wahrheit, Wahrheiten ohne Leidenschaft, Helden ohne Heldentaten, Geschichte ohne Ereignisse; Entwicklungen, deren einzige Triebkraft der Kalender scheint, durch beständige Wiederholung derselben Spannungen und Abspannung ermüdend; Gegensätze, die sich selbst periodisch nur auf die Höhe zu treiben scheinen, um sich abzustumpfen und zusammenzufallen, ohne sich auflösen zu können; prätentiös zur Schau getragene Anstrengungen und bürgerliche Schrecken vor der Gefahr des Weltunterganges, und von den Weltrettern gleichzeitig die kleinlichsten Intrigen und Hofkomödien gespielt, die in ihrem laisser-aller weniger an den Jüngsten Tag als an die Zeiten der Fronde erinnern – das offizielle Gesamtgenie Frankreichs von der pfiffigen Dummheit eines einzelnen Individuums zuschanden gemacht; der Gesamtwille der Nation, sooft er im allgemeinen Wahlrecht spricht, in den verjährten Feinden der Masseninteressen seinen entsprechenden

Ausdruck suchend, bis er ihn endlich in dem Eigenwillen eines Flibustiers findet. Wenn irgendein Geschichtsausschnitt grau in grau gemalt ist, so ist es dieser. Menschen und Ereignisse erscheinen als umgekehrte Schlemihle, als Schatten, denen die Körper abhanden gekommen ist. Die Revolution selbst paralysiert ihre eigenen Träger und stattet nur ihre Gegner mit leidenschaftlicher Gewaltsamkeit aus. Wenn das „rote Gespenst", von den Kontrerevolutionären beständig heraufbeschworen und gebannt, endlich erscheint, so erscheint es nicht mit anarchischer Phrygiermütze auf dem Kopfe, sondern in der Uniform der Ordnung, in *roten Pumphosen*.

Wir haben gesehen: Das Ministerium, das Bonaparte am 20.Dezember 1848, am Tage seiner Himmelfahrt installierte, war ein Ministerium der Ordnungspartei, der legitimistischen und orleanistischen Koalition. Dies Ministerium Barrot-Falloux hatte die republikanische Konstituante, deren Lebensdauer es mehr oder minder gewaltsam abkürzte, überwintert und befand sich noch am Ruder. Changarnier, der General der verbündeten Royalisten, vereinigte fortwährend in seiner Person das Generalkommando der ersten Militärdivison und der Pariser Nationalgarde. Die allgemeinen Wahlen endlich hatten der Ordnungspartei die große Majorität in der Nationalversammlung gesichert. Hier begegneten die Deputierten und Pairs Louis-Philippes einer heiligen Schar von Legitimisten, für welche zahlreiche Wahlzettel der Nation sich in Eintrittskarten auf die politische Bühne verwandelt hatten. Die bonapartistischen Volksrepräsentanten waren zu dünn gesät, um eine selbständige parlamentarische Partei bilden zu können. Sie erschienen nur als mauvaise queue der Ordnungspartei. So war die Ordnungspartei im Besitz der Regierungsgewalt, der Armee und des gesetzgebenden Körpers, kurz der Gesamtmacht des Staats, moralisch gekräftigt durch die allgemeinen Wahlen, die ihre Herrschaft als den Willen des Volkes erscheinen ließen, und durch den gleichzeitigen Sieg der Kontrerevolution auf dem gesamten Kontinent.

Nie eröffnete eine Partei mit größern Mittel und unter günstigern Auspizien ihren Feldzug.

Die schiffbrüchigen *reinen Republikaner* fanden sich in der gesetzgebenden Nationalversammlung auf eine Clique von ungefähr 50 Mann zusammengeschmolzen, an ihrer Spitze die afrikanischen Generale Cavaignac, Lamoricière, Bedeau. Die große Oppositionspartei aber wurde gebildet durch die *Montagne*. Diesen parlamentarischen Taufnamen hatte sich die *sozial-demokratische* Partei gegeben. Sie verfügte über mehr als 200 von 750 Stimmen der Nationalversammlung und war daher wenigstens ebenso mächtig als irgendeine der drei Fraktionen der Ordnungspartei für sich genommen. Ihre relative Minorität gegen die gesamte royalistische Koalition schien durch besondere Umstände aufgewogen. Nicht nur zeigten die Departementswahlen, daß sie einen bedeutenden Anhang unter der Landbevölkerung gewonnen hatte. Sie zählte beinah alle Deputierten von Paris unter sich, die Armee hatte durch die Wahl von drei Unteroffizieren ein demokratisches Glaubensbekenntnis abgelegt, und der Chef der Montagne, Ledru-Rollin, war im Unterschied von allen Repräsentanten der Ordnungs- partei in den parlamentarischen Adelstand erhoben worden durch fünft Departements, die ihre Stimmen auf ihn vereinigt. Die Montagne schien also am 28.Mai 1849, bei den unvermeidlichen Kollisionen der Royalisten unter sich und der gesamten Ordnungspartei mit Bonaparte, alle Elemente des Erfolgs vor sich zu haben. Vierzehn Tage später hatte sie alles verloren, die Ehre eingerechnet.

Ehe wir der parlamentarischen Geschichte weiter folgen, sind einige Bemerkungen nötig, um die gewöhnliche Täuschungen über den ganzen Charakter der Epoche, die uns vorliegt, zu vermeiden. In der demokratischen Manier zu sehn, handelt es sich während der Periode der gesetzgebenden Nationalversammlung, um was es sich in der Periode der konstituierenden handelte, um den einfachen Kampf zwischen Republikanern und Royalisten. Die Bewegung selbst aber fassen sie in *ein* Stichwort zusammen: *"Reaktion"*, Nacht, worin alle Katzen grau sind, und die ihnen erlaubt, ihre nachtwächterlichen Gemeinplätze abzuleiern. Und allerdings, auf den ersten Blick zeigt die Ordnungspartei einen Knäuel von verschiedenen royalistischen Fraktionen, die nicht nur gegeneinander intrigieren, um jede ihren eigenen Prätendenten auf den Thron zu erheben und den Prätendenten der Gegenpartei auszuschließen, sondern auch sich alle vereinigen in gemeinschaftlichem Haß und gemeinschaftlichen Angriffen gegen die „Republik". Die Montagne ihrerseits erscheint im Gegensatze zu dieser royalistischen Konspiration als Vertreterin der „Republik". Die Ordnungspartei erscheint beständig beschäftigt mit einer „Reaktion", die sich nicht mehr nicht minder als in Preußen gegen Presse, Assoziation u. dgl. richtet und in brutalen Polizeieinmischungen der Bürokratie, der Gendarmerie und der Parkette Gerichtshöfesich vollstreckt wie in Preußen. Die „Montagne" ihrerseits wieder ist ebenso fortwährend beschäftigt, diese Angriffe abzuwehren und so die „ewigen Menschenrechte" zu verteidigen, wie jede sogenannte Volkspartei mehr oder minder seit anderthalb Jahrhunderten getan hat. Vor einer nähern Betrachtung der Situation und der Parteien verschwindet indes dieser oberflächliche Schein, der den *Klassenkampf* und die eigentümliche Physiognomie dieser Periode verschleiert.

Legitimisten und Orleanisten bildeten, wie gesagt, die zwei großen Fraktionen der Ordnungspartei. Was diese Fraktionen an ihren Prätendenten festhielt und sie wechselseitig auseinanderhielt, war es nichts andres als Lilie und Trikolore, Haus Bourbon und Haus Orléans, verschiedene Schattierungen des Royalismus, war es überhaupt das Glaubensbekenntnis des Royalismus? Unter den Bourbonen hatte das *große Grundeigentum* regiert mit seinen Pfaffen und Lakaien, unter den Orléans die hohe Finanz, die große Industrie, der große Handel, d.h. *das Kapital* mit seinem Gefolge von Advokaten, Professoren und Schönrednern. Das legitime Königtum war bloß der politische Ausdruck für die angestammte Herrschaft der Herren von Grund und Boden, wie die Julimonarchie nur der politische Ausdruck für die usurpierte Herrschaft des bürgerlichen Parvenüs. Was also diese Fraktionen auseinanderhielt, es waren keine sogenannten Prinzipien, es waren ihre materiellen Existenzbedingungen, zwei verschiedene Arten des Eigentums, es war der alte Gegensatz von Stadt und Land, die Rivalität zwischen Kapital und Grundeigentum. Daß gleichzeitig alte Erinnerungen, persönliche Feindschaften, Befürchtungen und Hoffnungen, Vorurteile und Illusionen, Sympathien und Antipathien, Überzeugungen, Glaubensartikel und Prinzipien sie an das eine oder das andere Königshaus banden, wer leugnet es? Auf den verschiedenen Formen des Eigentums, auf den sozialen Existenzbedingungen erhebt sich ein ganzer Überbau verschiedener und eigentümlich gestalteter Empfindungen, Illusionen, Denkweisen und Lebensanschauungen. Die ganze Klasse schafft und gestaltet sie aus ihren materiellen Grundlagen heraus und aus den entsprechenden gesellschaftlichen Verhältnissen. Das einzelne Individuum, dem sie durch Tradition und Erziehung zufließen, kann sich einbilden, daß sie die eigentlichen Bestimmungsgründe und den Ausgangspunkt seines Handelns bilden. Wenn Orleanisten, Legitimisten, jede Fraktion sich selbst und der anderen vorzureden suchte, daß die Anhänglichkeit an ihre zwei Königshäuser sie trenne, bewies später die Tatsache, daß vielmehr ihr gespaltenes Interesse die Vereinigung der zwei Königshäuser verbot. Und wie man im Privatleben unterscheidet zwischen dem, was ein Mensch von sich meint und sagt, und dem was er wirklich ist und tut, so muß man noch mehr in geschichtlichen Kämpfen die Phrasen und Einbildungen der Parteien von ihrem wirklichen Organismus und ihren wirklichen Interessen, ihre Vorstellungen von ihrer Realität unterscheiden. Orleanisten und Legitimisten fanden sich in der Republik nebeneinander mit gleichen Ansprüchen. Wenn jede Seite gegen die andre die *Restauration* ihres *eignen* Königshauses durchsetzen wollte, so hieß das nichts andres, als daß die *zwei großen Interessen*, worin die *Bourgeoisie* sich spaltete – Grundeigentum und Kapital -, jedes seine eigene Suprematie und die Unterordnung des andern zu restaurieren suchte. Wir sprechen von zwei Interessen der Bourgeoisie, denn das große Grundeigentum, trotz seiner feudalen Koketterie und seines Racenstolzes, war durch die Entwicklung der modernen Gesellschaft vollständig verbürgerlicht. So haben die Tories in England sich lange eingebildet, daß sie für das Königtum, die Kirche und die Schönheiten der altenglischen Verfassung schwärmten, bis der Tag der Gefahr ihnen das Geständnis entriß, daß sie nur für die *Grundrente* schwärmen.

Die koalisierten Royalisten spielten ihre Intrige gegeneinander in der Presse, in Ems, in Claremont, außerhalb des Parlaments. Hinter den Kulissen zogen sie ihre alten orleanistischen und legitimistischen Livreen wieder an und führten ihre alten Turniere wieder auf. Aber auf der öffentlichen Bühne, in ihren Haupt- und Staatsaktionen, als große parlamentarische Partei, fertigten sie ihre respektiven Königshäuser mit bloßen Reverenzen ab und vertagten die Restauration der Monarchie ad infinitum. Sie verrichteten ihr wirkliches Geschäft als *Partei der Ordnung*, d.h. unter einem *gesellschaftlichen,* nicht unter einem *politischen* Titel, als Vertreter der bürgerlichen Weltordnung, nicht als Ritter fahrender Prinzessinnen, als Bourgeoisklasse gegen alle andern Klassen, nicht als Royalisten gegenüber den Republikanern. Und als Partei der Ordnung haben sie eine unumschränktere und härtere Herrschaft über die andern Klassen der Gesellschaft ausgeübt als je zuvor unter der Restauration oder unter der Julimonarchie, wie sie überhaupt nur unter der Form der parlamentarischen Republik möglich war, denn nur unter dieser Form konnten die zwei großen Abteilungen der französischen Bourgeoisie sich vereinigen, also die Herrschaft ihrer Klasse statt des Regimes einer privilegierten Fraktion derselben auf die Tagesordnung setzen. Wenn sie trotzdem auch als Partei der Ordnung die Republik insultieren und ihren Widerwillen gegen sie aussprechen, so geschah das nicht nur aus royalistischer Erinnerung. Es lehrte sie der Instinkt, daß die Republik zwar ihre politische Herrschaft vollendet, aber zugleich deren gesellschaftliche Grundlage unterwühlt, indem sie nun ohne Vermittlung, ohne den Versteck der Krone, ohne das nationale Interesse durch ihre untergeordneten Kämpfe untereinander und mit dem Königtum ableiten zu können, den unterjochten Klassen gegenüberstehn und mit ihnen ringen zu müssen. Es war Gefühl der Schwäche, das sie vor den reinen Bedingungen ihrer eignen Klassenherrschaft zurückbeben und sich nach den unvollständigern, unterentwickelteren und eben darum gefahrloseren Formen derselben zurücksehnen ließ. Sooft die koalisierten

Royalisten dagegen in Konflikt mit dem Prätendenten geraten, der ihnen gegenübersteht, mit Bonaparte, sooft sie ihre parlamentarische Allmacht von der Exekutivgewalt gefährdet glauben, sooft sie also den politischen Titel ihrer Herrschaft herauskehren müssen, treten sie als *Republikaner* auf und nicht als *Royalisten*, von dem Orleanisten Thiers, der die Nationalversammlung warnt, daß die Republik sie am wenigsten trenne, bis auf den Legitimisten Berryer, der am 2.Dezember 1851, die dreifarbige Schärpe umgewunden, das vor dem Mairiegebäude des zehnten Arrondissements versammelte Volk als Tribun im Namen der Republik harrangiert. Allerdings ruft ihm das Echo spottend zurück: Henri V! Henri V!

Der koalisierten Bourgeoisie gegenüber hatte sich eine Koalition zwischen Kleinbürgern und Arbeitern gebildet, die sogenannte *sozial-demokratische* Partei. Die Kleinbürger sahen sich nach den Junitagen 1848 schlecht belohnt, ihre materiellen Interessen gefährdet und die demokratischen Garantien, die ihnen die Geltendmachung dieser Interessen sichern sollten, von der Kontrerevolution in Frage gestellt. Sie näherten sich daher den Arbeitern. Ihre parlamentarische Repräsentation andererseits, die *Montagne*, während der Diktatur der Bourgeois-Republikaner beiseite geschoben, hatte in der letzten Lebenshälfte der Konstituante durch den Kampf mit Bonaparte und den royalistischen Ministern ihre verlorene Popularität wieder erobert. Sie hatte mit den sozialistischen Führern eine Allianz geschlossen. Februar 1849 wurden Versöhnungsbankette gefeiert. Ein gemeinschaftliches Programm wurde entworfen, gemeinschaftliche Wahlkomitees wurden gestiftet und gemeinschaftliche Kandidaten aufgestellt. Den sozialen Forderungen des Proletariats ward die revolutionäre Pointe abgebrochen und eine demokratische Wendung gegeben, den demokratischen Ansprüchen des Kleinbürgertums die bloß politische Form abgestreift und ihre sozialistische Pointe herausgekehrt. So entstand die *Sozial-Demokratie*. Die neue *Montagne*, das Ergebnis dieser Kombination, enthielt, einige Figuranten aus der Arbeiterklasse und einige sozialistische Sektierer abgerechnet, dieselben Elemente wie die alte Montagne, nur numerisch stärker. Aber im Laufe der Entwicklung hatte sie sich verändert mit der Klasse, die sie vertrat. Der eigentümliche Charakter der Sozial-Demokratie faßte sich dahin zusammen, daß demokratisch-republikanische Institutionen als Mittel verlangt werden, nicht um zwei Extreme, Kapital und Lohnarbeit, beide aufzuheben, sondern um ihren Gegensatz abzuschwächen und in Harmonie zu verwandeln. Wie verschiedene Maßregeln zur Erreichung dieses Zweckes vorgeschlagen werden mögen, wie sehr er mit mehr oder minder revolutionären Vorstellungen sich verbrämen mag, der Inhalt bleibt derselbe. Dieser Inhalt ist die Umänderung der Gesellschaft auf demokratischem Wege, aber eine Umänderung innerhalb der Grenzen des Kleinbürgertums. Man muß sich nur nicht die bornierte Vorstellung machen, als wenn das Kleinbürgertum prinzipiell ein egoistisches Klasseninteresse durchsetzen wolle. Es glaubt vielmehr, daß die *besondern* Bedingungen seiner Befreiung die *allgemeinen* Bedingungen sind, innerhalb deren allein die moderne Gesellschaft gerettet und der Klassenkampf ver- mieden werden kann. Man muß sich ebensowenig vorstellen, daß die demokratischen Repräsentanten nun alle shopkeepers sind oder für dieselben schwärmen. Sie können ihre Bildung und ihrer individuellen Lage nach himmelweit von ihnen getrennt sein. Was sie zu Vertretern des Kleinbürgers macht, ist, daß sie im Kopfe nicht über die Schranken hinauskommen, worüber jener nicht im Leben hinauskommt, daß sie daher zu denselben Aufgaben und Lösungen theoretisch getrieben werden, wohin jenen das materielle Interesse und die gesellschaftliche Lage praktisch treiben. Dies ist überhaupt das Verhältnis der *politischen* und *literarischen Vertreter* einer Klasse zu der Klasse, die sie vertreten.

Nach der gegebenen Auseinandersetzung versteht sich von selbst, daß, wenn die Montagne mit der Ordnungspartei fortwährend um die Republik und die sogenannten Menschenrechte ringt, weder die Republik noch die Menschenrechte ihr letzter Zweck sind, sowenig eine Armee, die man der Waffen berauben will und die sich zur Wehr setzt, auf den Kampfplatz getreten ist, um im Besitz ihrer eigenen Waffen zu bleiben.

Die Partei der Ordnung provozierte gleich beim Zusammentritt der Nationalversammlung die Montagne. Die Bourgeoisie fühlte jetzt die Notwendigkeit, mit den demokratischen Kleinbürgern fertig zu werden, wie sie ein Jahr vorher die Notwendigkeit begriffen hatten, mit dem revolutionären Proletariat zu enden. Nur war die Situation des Gegners eine verschiedene. Die Stärke der proletarischen Partei war auf der Straße, die der Kleinbürger in der Nationalversammlung selbst. Es galt also, sie aus der Nationalversammlung auf die Straße zu locken und sie selbst ihre parlamentarische Macht zerbrechen zu lassen, ehe Zeit und Gelegenheit sie konsolidieren konnten. Die Montagne sprengte mit verhängtem Zügel in die Falle.

Das Bombardement Roms durch die französischen Truppen war der Köder, der ihr hingeworfen wurde. Es verletzte Artikel V der Konstitution, der der Französischen Republik untersagt, ihre Streitkräfte gegen die Freiheiten eines anderen Volks zu verwenden. Zudem verbot auch Artikel 54 jede Kriegserklärung von seiten der Exekutivgewalt ohne Zustimmung der Nationalversammlung, und die Konstituante hatte durch ihren Beschluß vom 8.Mai die römische Expedition mißbilligt. Auf diese Gründe hin deponierte Ledru-Rollin am 11.Juni 1849 einen Anklageakt gegen Bonaparte und seine Minister. Durch die Wespenstiche von Thiers aufgereizt, ließ er sich sogar zu der Drohung fortreißen, die Konstitution mit allen Mitteln verteidigen zu wollen, selbst mit den Waffen in der Hand. Die Montagne erhob sich wie *ein* Mann und wiederholte diesen Waffenruf. Am 12.Juni verwarf die Nationalversammlung den Anklageakt, und die Montagne verließ das Parlament. Die Ereignisse des 13.Juni sind bekannt: die Proklamation eines Teils der Montagne, wodurch Bonaparte und seine Minister „außerhalb der Konstitution“ erklärt wurden; die Straßenprozession der demokratischen Nationalgarden, die waffenlos, wie sie waren, bei dem Zusammentreffen mit den Truppen Changarniers auseinanderstoben usw. usw. Ein Teil der Montagne flüchtete ins Ausland, ein anderer wurde dem Hochgericht in Bourges überwiesen, und ein parlamentarisches Reglement unterwarf den Rest der schulmeisterlichen Aufsicht des Präsidenten der Nationalversammlung.

Paris wurde wieder in Belagerungszustand versetzt und der demokratische Teil seiner Nationalgarde aufgelöst. So war der Einfluß der Montagne im Parlament und die Macht der Kleinbürger in Paris gebrochen.

Lyon, wo der 13.Juni das Signal zu einem blutigen Arbeiteraufstand gegeben hatte, wurde mit den fünf umliegenden Departements ebenfalls in Belagerungszustand erklärt, ein Zustand, der bis auf diesen Augenblick fortdauert.

Das Gros der Montagne hatte seine Avantgarde im Stiche gelassen, indem es ihrer Proklamation die Unterschriften verweigerte. Die Presse war desertiert, indem nur zwei Journale das Pronunziamento zu veröffentlichen wagten. Die Kleinbürger verrieten ihre Repräsentanten, indem die Nationalgarden ausblieben oder, wo sie erschienen, den Barrikadenbau verhinderten. Die Repräsentanten hatten die Kleinbürger düpiert, indem die angeblichen Affiliierten von der Armee nirgends zu erblicken waren. Endlich, statt von ihm Kraftzuschuß zu gewinnen, hatte die demokratische Partei das Proletariat mit ihrer eignen Schwäche angesteckt, und, wie gewöhnlich bei demokratischen Hochtaten, hatten die Führer die Genugtuung, ihr „Volk“ der Desertion, und das Volk die Genugtuung, seine Führer der Prellerei beschuldigen zu können.

Selten war eine Aktion mit größerem Geräusch verkündet worden als der bevorstehende Feldzug der Montagne, selten ein Ereignis mit mehr Sicherheit und länger vorher austrompetet als der unvermeidliche Sieg der Demokratie. Ganz gewiß: Die Demokraten glauben an die Posaunen, vor deren Stößen die Mauern Jerichos einstürzten. Und sooft sie den Wällen des Despotismus gegenüberstehen, suchen sie das Wunder nachzumachen. Wenn die Montagne im Parlamente siegen wollte, durfte sie nicht zu den Waffen rufen. Wenn sie im Parlamente zu den Waffen rief, durfte sie sich auf der Straße nicht parlamentarisch verhalten. Wenn die friedliche Demonstration ernst gemeint war, so war es albern, nicht vorherzusehen, daß sie kriegerisch empfan- gen werden würde. Wenn es auf den wirklichen Kampf abgesehn war, so war es originell, die Waffen abzulegen, mit denen er geführt werden mußte. Aber die revolutionären

Drohungen der Kleinbürger und ihrer demokratischen Vertreter sind bloße Einschüchterungsversuche des Gegners. Und wenn sie sich in eine Sackgasse verrannt, wenn sie sich hinlänglich kompromittiert haben, um zur Ausführung ihrer Drohungen gezwungen zu sein, so geschieht es in einer zweideutigen Weise, die nichts mehr vermeidet als die Mittel zum Zwecke und nach Vorwänden zum Unterliegen hascht. Die schmetternde Ouvertüre, die den Kampf verkündete, verliert sich in ein kleinlautes Knurren, sobald er beginnen soll, die Schauspieler hören auf, sich au sérieux ernstzu nehmen, und die Handlung fällt platt zusammen wie ein luftgefüllter Ballon, den man mit der Nadel pickt.

Keine Partei übertreibt sich mehr ihre Mittel als die demokratische, keine täuscht sich leichtsinniger über die Situation. Wenn ein Teil der Armee für sie gestimmt hatte, war die Montagne nun auch überzeugt, daß die Armee für sie revoltieren werde. Und bei welchem Anlasse? Bei einem Anlasse, der vom Standpunkt der Truppen keinen anderen Sinn hatte, als daß die Revolutionäre für die römischen gegen die französischen Soldaten Partei ergriffen. Andererseits waren die Erinnerungen an den Juni 1848 noch zu frisch, als daß nicht eine tiefe Abneigung des Proletariats gegen die Nationalgarde und ein durchgreifendes Mißtrauen der Chefs der geheimen Gesellschaften gegen die demokratischen Chefs existieren mußten. Um diese Differenzen auszugleichen, dazu bedurfte es großer gemeinschaftlicher Interessen, die auf dem Spiele standen. Die Verletzung eines abstrakten Verfassungsparagraphen konnte das Interesse nicht bieten. War die Verfassung nicht schon wiederholt verletzt worden nach der Versicherung der Demokraten selbst? Hatten die populärsten Journale sie nicht als ein kontrerevolutionäres Machwerk gebrandmarkt? Aber der Demokrat, weil er das Kleinbürgertum vertritt, also eine *Übergangsklasse*, worin die Interessen zweier Klassen sich zugleich abstumpfen, dünkt sich über den Klassengegensatz überhaupt erhaben. Die Demokraten geben zu, daß eine privilegierte Klasse ihnen gegenübersteht, aber sie mit der ganzen übrigen Umgebung der Nation bilden das *Volk*. Was sie vertreten ist das *Volksrecht*; was sie interessiert ist das *Volksinteresse*. Sie brauchen daher bei einem bevorstehenden

Kampfe die Interessen und Stellungen der verschiedenen Klassen nicht zu prüfen. Sie brauchen ihre eigenen Mittel nicht allzu bedenklich abzuwägen. Sie haben eben nur das Signal zu geben, damit das *Volk* mit allen seinen unerschöpflichen Ressourcen über die *Dränger* herfalle. Stellen sich nun in der Ausführung ihre Interessen als uninteressant und ihre Macht als Ohnmacht heraus, so liegt das entweder an verderblichen Sophisten, die das *unteilbare Volk* in verschiedene feindliche Lager spalten, oder die Armee war zu vertiert und zu verblendet, um die reinen Zwecke der Demokratie als ihr eignes Beste zu begreifen, oder an einem Detail der Ausführung ist das Ganze gescheitert, oder aber ein unvorhergesehener Zufall hat für diesmal die Partie vereitelt. Jedenfalls geht der Demokrat ebenso makellos aus der schmählichsten Niederlage heraus, wie er unschuldig in sie hineingegangen ist, mit der neugewonnenen Überzeugung, daß er siegen muß, nicht daß er selbst und seine Partei den alten Standpunkt aufzugeben, sondern umgekehrt, daß die Verhältnisse ihm entgegenzureifen haben.

Man muß sich daher die dezimierte, gebrochene und durch das neue parlamentarische Reglement gedemütigte Montagne nicht gar zu unglücklich vorstellen. Wenn der 13.Juni ihre Chefs beseitigt hatte, so macht er andererseits untergeordneteren Kapazitäten Platz, denen diese neue Stellung schmeichelt. Wenn ihre Machtlosigkeit im Parlamente nicht mehr bezweifelt werden konnte, so waren sie nun auch berechtigt, ihre Tat auf Ausbrüche sittlicher Entrüstung und polternde Deklamationen zu beschränken. Wenn die Ordnungspartei in ihnen als den letzten offiziellen Repräsentanten der Revolution alle Schrecken der Anarchie verkörpert zu sehen vorgab, so konnten sie in der Wirklichkeit desto platter und bescheidener sein. Über den 13.Juni aber vertrösteten sie sich mit der tiefen Wendung: Aber wenn man das allgemeine Wahlrecht anzugreifen wagt, aber dann! Dann werden wir zeigen, wer wir sind. Nous verrons.

Was die ins Ausland geflüchteten Montagnards betrifft, so genügt es hier zu bemerken, daß Ledru-Rollin, weil es ihm gelungen war, in kaum zwei Wochen die mächtige Partei, an deren Spitze er stand, rettungslos zu ruinieren, sich nun berufen fand, eine französische Regierung in partibus zu bilden; daß seine Figur, in der Ferne, vom Boden der Aktion weggehoben, im Maßstab als das Niveau der Revolution sank und die offiziellen Größen des offiziellen Frankreich zwerghafter wurden, an Größe zu wachsen schien; daß er als republikanischer Prätendent für 1852 fungieren konnte, daß er periodische Rundschreiben an die Walachen und andere Völker erließ, worin den Despoten des Kontinents mit seinen und seiner Verbündeten taten gedroht wird. Hatte Proudhon ganz unrecht, wenn er diesen Herren zurief: „Vous n'êtes que des blagueurs“ ?

Die Ordnungspartei hatte am 13.Juni nicht nur die Montagne gebrochen, sie hatte die *Unterordnung der Konstitution unter die Majoritätsbeschlüsse der Nationalversammlung* durchgesetzt. Und so verstand sie die Republik: daß die Bourgeoisie hier in parlamentarischen Formen herrsche, ohne wie in der Monarchie an dem Veto der Exekutivgewalt oder an der Auflösbarkeit des Parlaments eine Schranke zu finden. Das war die *parlamentarische Republik*, wie Thiers sie nannte. Aber wenn die Bourgeoisie am 13.Juni ihre Allmacht innerhalb des Parlamentsgebäudes sicherte, schlug sie nicht das Parlament selbst, der Exekutivgewalt und dem Volke gegenüber, mit unheilbarer Schwäche, indem sie den populärsten Teil desselben ausstieß? Indem sie zahlreiche Deputierte ohne weitere Zeremonien der Requisition der Parkette preisgab, hob sie ihre eigne parlamentarische Unverletzlichkeit auf. Das demütigende Reglement, dem sie die Montagne unterwarf, erhöht in demselben Maße den Präsidenten der Republik, als es den einzelnen Repräsentanten des Volks herabdrückt. Indem sie die Insurrektion zum Schutz der konstitutionellen Verfassung als anarchische, auf den Umsturz der Gesellschaft abzweckende Tat brandmarkt, verbot sie sich selbst den Appell an die Insurrektion, sobald die Exekutivgewalt ihr gegenüber die Verfassung verletzen würde. Und die Ironie der Geschichte will, daß der General, der im Auftrage Bonapartes Rom bombardiert und so den unmittelbaren Anlaß zu der konstitutionellen Emeute vom 13.Juni gegeben hat, daß *Oudinot* am 2.Dezember 1851 dem Volke von der Ordnungspartei flehentlich und vergeblich als der General der

Konstitution gegen Bonaparte angeboten werden muß. Ein andrer Held des 13.Juni, *Vieyra*, der von der Tribüne der Nationalversammlung Lob einerntet für die Brutalitäten, die er in demokratischen Zeitungslokalen an der Spitze einer der hohen Finanz angehörigen Rotte von Nationalgarden verübt hatte, dieser selbe Vieyra war in die Verschwörung Bonapartes eingeweiht und trug wesentlich dazu bei, in ihrer Todesstunde der Nationalversammlung jeden Schutz von seiten der Nationalgarde abzuschneiden.

Der 13.Juni hatte noch einen anderen Sinn. Die Montagne hatte Bonapartes Versetzung in Anklagezustand ertrotzen wollen. Ihre Niederlage war also ein direkter Sieg Bonapartes, sein persönlicher Triumph über seine demokratischen Feinde. Die Partei der Ordnung erfocht den Sieg, Bonaparte hatte ihn nur einzukassieren. Er tat es. Am 14.Juni war eine Proklamation an den Mauern von Paris zu lesen, worin der Präsident, gleichsam ohne sein Zutun, widerstrebend, durch die bloße Macht der Ereignisse gezwungen, aus seiner klösterlichen Abgeschiedenheit hervortritt, als verkannte Tugend über die Verleumdungen seiner Widersacher klagt, und während er seine Person mit der Sache der Ordnung zu identifizieren scheint, vielmehr die Sache der Ordnung mit seiner Person identifiziert. Zudem hatte die Nationalversammlung die Expedition gegen Rom zwar nachträglich gebilligt, aber Bonaparte hatte die Initiative dazu ergriffen. Nachdem er den Hohepriester Samuel in den Vatikan wieder eingeführt, konnte er hoffen, als König David die Tuilerien zu beziehen. Er hatte die Pfaffen gewonnen.

Die Emeute vom 13.Juni beschränkte sich, wie wir gesehn, auf eine friedliche Straßenprozession. Es waren also keine kriegerischen Lorbeeren gegen sie zu gewinnen. Nichtsdestoweniger, in dieser helden- und ereignisarmen Zeit verwandelte die Ordnungspartei diese Schlacht ohne Blutvergießen in ein zweites Austerlitz. Tribüne und Presse priesen die Armee als die Macht der Ordnung gegenüber den Volksmassen als der Ohnmacht der Anarchie und den Changarnier als das „Bollwerk der Gesellschaft“. Mystifikation, an die er schließlich selbst glaubte.

Unterderhand aber wurden die Korps, die zweideutig schienen aus Paris verlegt, aus Frankreich nach Algier verbannt, die unruhigen Köpfe unter den Truppen in Strafabteilungen verwiesen, endlich die Absperrung der Presse von der Kaserne und der Kaserne von der bürgerlichen Gesellschaft systematisch durchgeführt.

Wir sind hier bei dem entscheidenden Wendepunkt in der Geschichte der französischen Nationalgarde angelangt. 1830 hatte sie den Sturz der Restauration entschieden. Unter Louis-Philippe mißglückte jede Emeute, worin die Nationalgarde auf Seiten der Truppen stand. Als sie in den Februartagen 1848 sich passiv gegen den Aufstand und zweideutig gegen Louis-Philippe zeigte, gab er sich verloren und war er verloren. So schlug die Überzeugung Wurzel, daß die Revolution nicht *ohne* und die Armee nicht *gegen* die Nationalgarde siegen könne. Es war dies der Aberglaube der Armee an die bürgerliche Allmacht. Die Junitage 1848, wo die gesamte Nationalgarde mit den Linientruppen die Insurrektion niederwarf, hatten den Aberglauben befestigt. Nach Bonapartes Regierungsantritt sank die Stellung der Nationalgarde einigermaßen durch die konstitutionswidrige Vereinigung ihres Kommandos mit dem Kommando der ersten Militärdivison in der Person Changarniers.

Wie das Kommando über die Nationalgarde hier als ein Attribut des militärischen Oberbefehlshabers erschien, so sie selbst nur nach als Anhang der Linientruppen. Am 13.Juni endlich wurde sie gebrochen: nicht nur durch ihre teilweise Auflösung, die sich seit dieser Zeit periodisch an allen Punkten Frankreichs wiederholte und nur Trümmer von ihr zurückließ. Die Demonstration des 13.Juni war vor allem eine Demonstration der demokratischen Nationalgarden. Sie hatten zwar nicht ihre Waffen, wohl aber ihre Uniformen der Armee gegenübergeführt, aber gerade in dieser Uniform saß der Talisman. Die Armee überzeugte sich, daß diese Uniform ein wollener Lappen wie ein andrer war. Der Zauber ging verloren. In den Junitagen 1848 waren Bourgeoisie und Kleinbürgertum als Nationalgarde mit der Armee gegen das Proletariat vereinigt, am 13.Juni 1849 ließ die Bourgeoisie die kleinbürgerliche Nationalgarde durch die Armee auseinandersprengen, am 2.Dezember 1851 war die Nationalgarde der Bourgeoisie selbst verschwunden, und Bonaparte konstatierte nur dies Faktum, als er nachträglich ihr Auflösungsdekret unterschrieb. So hatte die Bourgeoisie selbst ihre letzte Waffe gegen die Armee zerbrochen, aber sie mußte sie zerbrechen von dem Augenblicke, wo das Kleinbürgertum nicht mehr als Vasall hinter, sondern als Rebell vor ihr stand, wie sie überhaupt alle ihre Verteidigungsmittel gegen den Absolutismus mit eigner Hand zerstören mußte, sobald sie selbst absolut geworden war.

Die Ordnungspartei feierte unterdes die Wiedereroberung einer Macht, die 1848 nur verloren schien, um 1849 von ihren Schranken befreit wiedergefunden zu werden, durch Invektiven gegen die Republik und die Konstitution, durch die Verfluchung aller zukünftigen, gegenwärtigen und vergangenen Revolutionen, die eingerechnet, welche ihre eigenen Führer gemacht hatten, und in Gesetzen, wodurch die Presse geknebelt, die Assoziation vernichtet und der Belagerungszustand als organisches Institut reguliert wurde. Die Nationalversammlung vertagte sich dann von Mitte August bis Mitte Oktober, nachdem sie eine Permanenzkommission für die Zeit ihrer Abwesenheit ernannt hatte. Während dieser Ferien intrigierten die Legitimisten mit Ems, die Orleanisten mit Claremont, Bonaparte durch prinzliche Rundreisen und die Departementalräte in Beratungen über die Revision der Verfassung – Vorfälle, die in den periodischen Ferien der Nationalversammlung regelmäßig wiederkehren und auf die ich erst eingehen will, sobald sie zu Ereignissen werden. Hier sei nur noch bemerkt, daß die Nationalversammlung unpolitisch handelte, als sie für längere Intervalle von der Bühne verschwand und auf der Spitze der Republik nur noch *eine*, wenn auch klägliche Gestalt erblicken ließ, die Louis Bonapartes, während die Partei der Ordnung zum Skandale des Publikums in ihre royalistischen Bestandteile auseinander- und ihren sich widerstreitenden Restaurationsgelüsten nachging. Sooft während dieser Ferien der verwirrende Lärm des *Parlaments* verstummte und sei Körper sich in die Nation auflöste, zeigte sich unverkennbar, daß nur noch *eins* fehle, um die wahre Gestalt dieser Republik zu vollenden: *seine* Ferien permanent machen und *ihre* Aufschrift: liberté, égalité, fraternité, ersetzen durch die unzweideutigen Worte: Infanterie, Kavallerie, Artillerie!

Mitte Oktober 1849 trat die Nationalversammlung wieder zusammen. Am 1.November überraschte Bonaparte sie mit einer Botschaft, worin der die Entlassung des Ministeriums Barrot-Falloux und die Bildung eines neuen Ministeriums anzeigte. Man hat Lakaien nie mit weniger Zeremonien aus dem Dienste gejagt als Bonaparte seine Minister. Die Fußtritte, die der Nationalversammlung bestimmt waren, erhielt vorläufig Barrot u. Komp.

Das Ministerium Barrot war, wie wir gesehen haben, aus Legitimisten und Orleanisten zusammengesetzt, ein Ministerium der Ordnungspartei. Bonaparte hatte desselben bedurft, um die republikanische Konstituante aufzulösen, die Expedition gegen Rom zu bewerkstelligen und die demokratische Partei zu brechen. Hinter diesem Ministerium hatte er sich scheinbar eklipsiert, die Regierungsgewalt in die Hände der Ordnungspartei abgetreten und die bescheidene Charaktermaske angelegt, die unter Louis-Philippe der verantwortliche Gerant der Zeitungspresse trug, die Maske des homme de paille. Jetzt warf er eine Larve weg, die nicht mehr der leichte Vorhang war, worunter er seine Physiognomie verstecken konnte, sondern die eiserne Maske, die ihn verhinderte, eine eigne Physiognomie zu zeigen, Er hatte das Ministerium Barrot eingesetzt, um im Namen der Ordnungspartei die republikanische Nationalversammlung zu sprengen; er entließ es, um seinen eignen Namen von der Nationalversammlung der Ordnungspartei unabhängig zu erklären.

An plausiblen Vorwänden zu dieser Entlassung fehlte es nicht. Das Ministerium Barrot vernachlässigte selbst die Anstandsformen, die den Präsidenten der Republik als eine Macht neben der Nationalversammlung hätten erscheinen lassen. Während der Ferien der Nationalversammlung veröffentlichte Napoleon einen Brief an Edgar Ney, worin er das illiberale Auftreten des Papstes zu mißbilligen schien, wie er im Gegensatz zur Konstituante einen Brief veröffentlicht hatte, worin er Oudinot für den Angriff auf die römische Republik belobte. Als nun die

Nationalversammlung das Budget für die römische Expedition votierte, brachte Victor Hugo aus angeblichem Liberalismus jenen Brief zur Sprache. Die Ordnungspartei erstickte den Einfall, als ob Bonapartes Einfälle irgendein Gewicht haben könnten, unter verächtlich ungläubigen Ausrufungen. Keiner der Minister nahm den Handschuh für ihn auf. Bei einer andern Gelegenheit ließ Barrot mit seinem bekannten hohlen Pathos Worte der Entrüstung von der Rednertribüne auf die „abdominablen Umtriebe“ fallen, die nach seiner Aussage in der nächsten Umgebung des Präsidenten vorgingen. Endlich verweigerte das Ministerium, während es der Herzogin von Orléans einen Witwengehalt von der Nationalversammlung erwirkte, jeden Antrag auf Erhöhung der präsidentiellen Zivilliste. Und in Bonaparte verschmolz der kaiserliche Prätendent so innig mit dem heruntergekommenen Glücksritter, daß die eine große Idee, er sei berufen, das Kaisertum zu restaurieren, stets von der anderen ergänzt ward, das französische Volk sei berufen, seine Schulden zu zahlen.

Das Ministerium Barrot-Falloux war des erste und letzte *parlamentarische Ministerium*, das Bonaparte ins Leben rief. Die Entlassung desselben bildete daher einen entscheidenden Wendepunkt. Mit ihm verlor die Ordnungspartei, um ihn nie wieder zu erobern, einen unentbehrlichen Posten für die Behauptung des parlamentarischen Regimes, die Handhabe der Exekutivgewalt. Man begreift sogleich, daß in einem Lande wie Frankreich, wo die Exekutivgewalt über ein Beamtenheer von mehr als einer halben Million von Individuen verfügt, also eine ungeheure Masse von Interessen und Existenzen beständig in der unbedingtesten Abhängigkeit erhält, wo der Staat die bürgerliche Gesellschaft von ihren umfassendsten Lebensäußerungen bis zu ihren unbedeutendsten Regungen hinab, von ihren allgemeinsten Daseinsweisen bis zur Privatexistenz der Individuen umstrickt, kontrolliert, maßregelt, überwacht und bevormundet, wo dieser Parasitenkörper durch die außerordentlichste Zentralisation eine Allgegenwart, Allwissenheit, eine beschleunigte Bewegungsfähigkeit und Schnellkraft gewinnt, die nur in der hülflosen Unselbständigkeit, in der zerfahrenen Unförmlichkeit des wirklichen Gesellschaftskörpers ein Analogen finden, daß in einem solchen Lande die Nationalversammlung mit der Verfügung über die Ministerstellen jeden wirklichen Einfluß verloren gab, wenn sie nicht gleichzeitig die Staatsverwaltung vereinfachte, das Beamtenheer möglichst verringerte, endlich die bürgerliche Gesellschaft und die öffentliche Meinung ihre eignen von der Regierungsgewalt unabhängigen Organe erschaffen ließ. Aber das *materielle Interesse* der französischen Bourgeoisie ist gerade auf das innigste mit der Erhaltung jener breiten und vielverzweigten Staatsmaschine verwebt. Hier bringt sie ihre überschüssige Bevölkerung unter und ergänzt in der Form von Staatsgehalten, was sie nicht in der Form von Profiten, Zinsen, Renten und Honoraren einstecken kann. Andererseits zwang ihr *politisches Interesse* sie, die Repression, also die Mittel und das Personal der Staatsgewalt, täglich zu vermehren, während sie gleichzeitig einen ununterbrochenen Krieg gegen die öffentliche Meinung führen und die selbständigen Bewegungsorgane der Gesellschaft mißtrauisch verstümmeln, lähmen mußte, wo es ihr nicht gelang, sie gänzlich zu amputieren. So war die französische Bourgeoisie durch ihre Klassenstellung gezwungen, einerseits die Lebensbedingungen einer jeden, also auch ihrer eigenen parlamentarischen Gewalt zu vernichten, andererseits die ihr feindliche Exekutivgewalt unwiderstehlich zu machen.

Das neue Ministerium hieß das Ministerium d'Hautpoul. Nicht als hätte General d'Hautpoul den Rang eines Ministerpräsidenten erhalten. Mit Barrot schaffte Bonaparte vielmehr zugleich diese Würde ab, die den Präsidenten der Republik allerdings zur legalen Nichtigkeit eines konstitutionellen Königs verdammte, aber eines konstitutionellen Königs ohne Thron und ohne Krone, ohne Zepter und ohne Schwert, ohne Unverantwortlichkeit, ohne den unverjährbaren Besitz der höchsten Staatswürde und, was das fatalste war, ohne Zivilliste. Das Ministerium d'Hautpoul besaß nur einen Mann von parlamentarischem Rufe, den Juden *Fould*, eines der berüchtigsten Glieder der hohen Finanz. Ihm fiel das Finanzministerium anheim. Man schlage die Pariser

Börsennotationen nach, und man wird finden, daß vom 1.November 1849 an die französischen Fonds steigen und fallen mit dem Steigen und Fallen der bonapartistischen Aktien. Während Bonaparte so seine Affiliierten in der Börse gefunden hatte, bemächtigte er sich zugleich der Polizei durch Carliers Ernennung zum Polizeipräfekten von Paris.

Indes konnten sich die Folgen des Ministerwechsels erst im Laufe der Entwicklung herausstellen. Zunächst hatte Bonaparte nur einen Schritt vorwärts getan, um desto augenfälliger rückwärts getrieben zu werden. Seiner barschen Botschaft folgte die servilste Untertänigkeitserklärung an die Nationalversammlung. Sooft die Minister den schüchternen Versuch wagten, seine persönlichen Marotten als Gesetzesvorschläge einzubringen, schienen sie selbst nur widerwillig und durch ihre Stellung gezwungen, die komischen Aufträge zu erfüllen, von deren Erfolglosigkeit sie im voraus überzeugt waren. Sooft Bonaparte im Rücken der Minister seine Absichten ausplauderte und mit seinen „idées napoléoniennes" spielte, desavouierten ihn die eignen Minister von der Tribüne der Nationalversammlung herab. Seine Usurpations- gelüste schienen nur laut zu werden, damit das schadenfrohe Gelächter seiner Gegner nicht verstumme. Er gebärdete sich als ein verkanntes Genie, das alle Welt für einen Simpel ausgibt. Nie genoß er in vollerem Maße die Verachtung aller Klassen als während dieser Periode. Nie herrschte die Bourgeoisie unbedingter, nie trug sie prahlerischer die Insignien der Herrschaft zu Schau.

Ich habe hier nicht die Geschichte ihrer gesetzgeberischen Tätigkeit zu schreiben, die sich wahrend dieser Periode in zwei Gesetzen resümiert: in dem Gesetze, das die *Weinsteuer* wiederherstellte, in dem *Unterrichtsgesetze*, das den Unglauben abschafft. Wenn den Franzosen das Weintrinken erschwert, ward ihnen desto reichlicher vom Wasser des wahren Lebens geschenkt. Wenn die Bourgeoisie in dem Gesetze über die Weinsteuer das alte gehässige französische Steuersystem für unantastbar erklärt, suchte sie durch das Unterrichtsgesetz den alten Gemütszustand der Massen zu sichern, der es ertragen ließ. Man ist erstaunte, die Orleanisten, die liberalen Bourgeoisie, diese alten Apostel des Voltairianismus und der eklektischen Philosophie, ihren Stammfeinden, den Jesuiten, die Verwaltung des französischen Geistes anvertrauen zu sehen. Aber Orleanisten und Legitimisten konnten in Beziehung auf den Kronprätendenten auseinandergehen, sie begriffen, daß ihre vereinte Herrschaft die Unterdrückungsmittel zweier Epochen zu vereinigen gebot, daß die Unterjochungsmittel der Julimonarchie durch die Unterjochungsmittel der Restauration ergänzt und verstärkt werden mußten.

Die Bauern, in allen ihren Hoffnungen getäuscht, durch den niedrigen Stand der Getreidepreise einerseits, durch die wachsende Steuerlast und Hypothekenschuld andererseits mehr als je erdrückt, begannen sich in den Departements zu regen. Man antwortete ihnen durch eine Hetzjagd auf die Schulmeister, die den Geistlichen, durch eine Hetzjagd auf die Maires, die den Präfekten, und durch ein System der Spionage, dem alle unterworfen wurden. In Paris und den großen Städten trägt die Reaktion selbst die Physiognomie ihrer Epoche und fordert mehr heraus, als sie niederschlägt. Auf dem Lande wird sie platt, gemein, kleinlich, ermüdend, plackend, mit einem Worte Gendarm. Man begreift, wie drei Jahre vom Regime des Gendarmen, eingesegnet durch das Regime des Pfaffen, unreife Massen demoralisieren mußten.

Welche Summe von Leidenschaft und Deklamation die Ordnungspartei von der Tribüne der Nationalversammlung herab gegen die Minorität aufwenden mochte, ihre Rede blieb einsilbig wie die des Christen, dessen Worte sein sollen: Ja, ja, nein, nein! Einsilbig von der Tribüne herab wie in der Presse. Fast wie ein Rätsel, dessen Lösung im voraus bekannt ist. Handelte es sich um Petitionsrecht oder um Weinsteuer, um Preßfreiheit oder um Freihandel, um Klubs oder um Regelung des Staatshaushaltes, das Losungswort kehrt immer wieder, das Thema bleibt immer dasselbe, der Urteilsspruch ist immer fertig und lautet unveränderlich: „*Sozialismus!*" Für *sozialistisch* wird selbst der bürgerliche Liberalismus erklärt, für sozialistisch die bürgerliche Aufklärung, für sozialistisch die bürgerliche Finanzreform. Es war sozialistisch, eine Eisenbahn zu bauen, wo schon ein Kanal vorhanden war, und es war sozialistisch, sich mit dem Stocke zu verteidigen, wenn man mit dem Degen angegriffen wurde.

Es war dies nicht bloße Redeform, Mode, Parteitaktik. Die Bourgeoisie hatte die richtige Einsicht, daß alle Waffen, die sie gegen den Feudalismus geschmiedet, ihre Spitzen gegen sie selbst kehrten, daß alle Bildungsmittel, die sie erzeugt, gegen ihre eigne Zivilisation rebellierten, daß alle Götter, die sie geschaffen, von ihr abgefallen waren. Sie begriff, daß alle sogenannten bürgerlichen Freiheiten und Fortschrittsorgane ihre *Klassenherrschaft* zugleich an der gesellschaftlichen Grundlage und an der politischen Spitze angriffen und bedrohten, also „*sozialistisch*" geworden waren. In dieser Drohung und in diesem Angriffe fand sie mit Recht das Geheimnis des Sozialismus, dessen Sinn und Tendenz sie richtiger beurteilt, als der sogenannte Sozialismus sich selbst zu beurteilen weiß, der daher nicht begreifen kann, wie die Bourgeoisie sich verstockt gegen ihn verschließt, mag er nun sentimental über die Leiden der Menschheit winseln oder christlich das Tausendjährige Reich und die allgemeine Bruderliebe verkünden oder humanistisch von Geist, Bildung, Freiheit faseln oder doktrinär ein System der Vermittlung und der Wohlfahrt aller Klassen aushecken. Was sie aber nicht begriff, war die Konsequenz, daß ihr *eignes parlamentarisches Regime*, daß ihre *politische Herrschaft* überhaupt nun auch als *sozialistisch* dem allgemeinen Verdammungsurteil verfallen mußte. Solange die Herrschaft der Bourgeoisklasse sich nicht vollständig organisiert, nicht ihren reinen politischen Ausdruck gewonnen hatte, konnte auch der Gegensatz der andern Klassen nicht rein hervortreten, und wo er hervortrat, nicht die gefährlicher Wendung nehmen, die jeden Kampf gegen die Staatsgewalt in einen Kampf gegen das Kapital verwandelt. Wenn sie in jeder Lebensregung der Gesellschaft die „Ruhe" gefährdet sah, wie konnte sie an der Spitze der Gesellschaft das *Regime der Unruhe*, ihr eignes Regime, das *parlamentarische Regime* behaupten wollen, dieses Regime, das nach dem Ausdrucke eines ihrer Redner im Kampfe und durch den Kampf lebt? Das parlamentarische Regime lebt von der Diskussion, wie soll es die Diskussion verbieten? Jedes Interesse, jede gesellschaftliche Einrichtung wird hier in allgemeine Gedanken verwandelt, als Gedanken verhandelt, wie soll irgendein Interesse, eine Einrichtung sich über dem Denken behaupten und als Glaubensartikel imponieren? Der Rednerkampf auf der Tribüne ruft den Kampf der Preßbengel hervor, der debattierende Klub im Parlament ergänzt sich notwendig durch debattierende Klubs in den Salons und in den Kneipen, die Repräsentanten, die beständig an die Volksmeinung appellieren, berechtigen die Volksmeinung, in Petitionen ihre wirkliche Meinung zu sagen. Das parlamentarische Regime überläßt alles der Entscheidung der Majoritäten, wie sollen die großen Majoritäten jenseits des Parlaments nicht entscheiden wollen? Wenn ihr auf dem Gipfel des Staates die Geige streicht, was andres erwartet ihr, als daß die drunten tanzen?

Indem also die Bourgeoisie, was sie früher als *"liberal"* gefeiert, jetzt als *"sozialistisch"* verketzert, gesteht sie ein, daß ihr eignes Interesse gebietet, sie der Gefahr des *Selbstregierens* zu überheben, daß, um die Ruhe im Lande herzustellen, vor allem ihr Bourgeoisparlament zur Ruhe gebracht, um ihre gesellschaftliche Macht unversehrt zu erhalten, ihre politische Macht gebrochen werden müsse; daß die Privatbourgeois nur fortfahren können, die andern Klassen zu exploitieren und sich ungetrübt des Eigentums, der Familie, der Religion und der Ordnung zu erfreuen, unter der Bedingung, daß ihre Klasse neben den andern Klassen zu gleicher politischer Nichtigkeit verdammt werde; daß, um ihren Beutel zu retten, die Krone ihr abgeschlagen und das Schwert, das sie beschützen solle, zugleich als Damoklesschwert über ihr eignes Haupt gehängt werden müsse.

In dem Bereiche der allgemeinen bürgerlichen Interessen zeigte sich die Nationalversammlung so unproduktiv, daß z.B. die Verhandlungen über die Paris-Avignoner Eisenbahn, die im Winter 1850 begannen, am 2.Dezember 1851 noch nicht zum Schluß reif waren. Wo sie nicht unterdrückte, reagierte, war sie mit unheilbarer Unfruchtbarkeit geschlagen.

Während Bonapartes Ministerium teils die Initiative zu Gesetzen im Geiste der Ordnungspartei ergriff, teils ihre Härte in der Ausführung und

Handhabung noch übertrieb, suchte er andererseits durch kindisch alberne Vorschläge Popularität zu erobern, seinen Gegensatz zur Nationalversammlung zu konstatieren und auf einen geheimen Hinterhalt hinzudeuten, der nur durch die Verhältnisse einstweilen verhindert werde, dem französischen Volke seine verborgenen Schätze zu erschließen. So der Vorschlag, den Unteroffizieren eine tägliche Zulage von vier Sous zu dekretieren. So der Vorschlag einer Ehrenleihbank für die Arbeiter. Geld geschenkt und Geld gepumpt zu erhalten, das war die Perspektive, womit er die Massen zu ködern hoffte. Schenken und Pumpen, darauf beschränkt sich die Finanzwissenschaft des Lumpenproletariats, des vornehmen und des gemeinen. Darauf beschränkten sich die Springfedern, die Bonaparte in Bewegung zu setzen wußte. Nie hat ein Prätendent platter auf die Plattheit der Massen spekuliert.

Die Nationalversammlung brauste wiederholt auf bei diesen unverkennbaren Versuchen, auf ihre Kosten Popularität zu erwerben, bei der wachsenden Gefahr, daß dieser Abenteurer, den die Schulden voranpeitschten und kein erworbener Ruf zurückhielt, einen verzweifelten Streich wagen werde. Die Verstimmung zwischen der Ordnungspartei und dem Präsidenten hatte einen drohenden Charakter angenommen, als ein unerwartetes Ereignis ihn reuig in ihre Arme zurückwarf. Wir meinen die *Nachwahlen vom 10. März 1850*. Diese Wahlen fanden statt, um die Repräsentantenstellen, die nach dem 13. Juni durch das Gefängnis oder das Exil erledigt waren, wieder zu besetzen. Paris wählte nur sozial-demokratische Kandidaten. Es vereinte sogar die meisten Stimmen auf einen Insurgenten des Juni 1848, auf de Flotte. So rächte sich das mit dem Proletariat alliierte Pariser Kleinbürgertum für seine Niederlage vom 13. Juni 1849. Es schien im Augenblick der Gefahr nur vom Kampfplatz verschwunden zu sein, um ihn bei günstiger Gelegenheit mit massenhafteren Streitkräften und mit einer kühneren Kampfparole wieder zu betreten. Ein Umstand schien die Gefahr dieses Wahlsieges zu erhöhen. Die Armee stimmte in Paris für den Juni-Insurgenten gegen La Hitte, einen Minister Bonapartes, und in den Departements zum großen

Teil für die Montagnards, die auch hier, zwar nicht so entschieden wie in Paris, das Übergewicht über ihre Gegner behaupteten.

Bonaparte sah sich plötzlich wieder die Revolution gegenüberstehen. Wie am 29.Januar 1849, wie am 13.Juni 1849 verschwand er am 10.März 1850 hinter der Partei der Ordnung. Er beugte sich, er tat kleinmütig Abbitte, er erbot sich, auf Befehl der parlamentarischen Majorität jedes beliebige Ministerium zu ernennen, er flehte sogar die orleanistischen und legitimistischen Parteiführer, die Thiers, die Berryer, die Broglie, die Molé, kurz die sogenannten Burggrafen, das Staatsruder in eigner Person zu ergreifen. Die Partei der Ordnung wußte diesen unwiederbringlichen Augenblick nicht zu benutzen. Statt sich kühn der angebotenen Gewalt zu bemächtigen, zwang sie Bonaparte nicht einmal, das am 1.November entlassene Ministerium wieder einzusetzen; sie begnügte sich, ihn durch die Verzeihung zu demütigen und dem Ministerium d'Hautpoul Herrn *Baroche* beizugesellen. Dieser Baroche hatte als öffentlicher Ankläger, das eine Mal gegen die Revolutionäre vom 15.Mai, das andre Mal gegen die Demokraten des 13.Juni, vor dem Hochgerichte zu Bourges gewütet, beide Male wegen Attentat auf die Nationalversammlung. Keiner der Minister Bonapartes trug später mehr dazu bei, die Nationalversammlung herabzuwürdigen, und nach dem 2.Dezember 1851 finden wir ihn wieder als wohlbestallten und teuer bezahlten Vizepräsidenten des Senats. Er hatte den Revolutionären in die Suppe gespuckt, damit Bonaparte sie aufesse.

Die sozial-demokratische Partei ihrerseits schien nur nach Vorwänden zu haschen, um ihren eignen Sieg wieder in Frage zu stellen und ihm die Pointe abzubrechen. Vidal, einer der neugewählten Pariser Repräsentanten, war gleichzeitig in Straßburg gewählt worden. Man bewog ihn, die Wahl für Paris abzulehnen und die für Straßburg anzunehmen. Statt also ihrem Siege auf dem Wahlplatz einen definitiven Charakter zu geben und dadurch die Ordnungspartei zu zwingen, ihn sofort im Parlamente streitig zu machen, statt so den Gegner im Augenblick des Volksenthusiasmus und der günstigen Stimmung der Armee zum Kampfe zu treiben, ermüdete die demokratische Partei Paris während der Monate März und April mit einer neuen Wahlagitation, ließ die aufgeregten Volksleidenschaften in diesem abermaligen provisorischen Stimmenspiel sich aufreiben, die revolutionäre Tatkraft in konstitutionellen Erfolgen sich sättigen, in kleinen Intrigen, hohlen Deklamationen und Scheinbewegungen verpuffen, die Bourgeoisie sich sammeln und ihre Vorkehrungen treffen, endlich die Bedeutung der Märzwahlen in der nachträglichen Aprilwahl, mit den Worten Eugène Sues, einen sentimental abschwächenden Kommentar finden. Mit einem Worte, sie schickte den 10.März in den April.

Die parlamentarische Majorität begriff die Schwäche ihres Gegners. Ihre siebzehn Burggrafen, denn Bonaparte hatte ihr die Leitung und die Verantwortlichkeit des Angriffs überlassen, arbeiteten ein neues Wahlgesetz aus, dessen Vorlage dem Herrn Faucher, der sich diese Ehre ausbat, anvertraut wurde. Am 8.Mai brachte er das Gesetz ein, wodurch das allgemeine Wahlrecht abgeschafft, ein dreijähriges Domizil an dem Orte der Wahl den Wählern als Bedingung auferlegt, endlich der Nachweis dieses Domizils für die Arbeiter von dem Zeugnisse ihrer Arbeitgeber abhängig gemacht wurde.

Wie revolutionär die Demokraten während des konstitutionellen Wahlkampfes aufgeregt und getobt hatten, so konstitutionell predigten sie jetzt, wo es galt, mit den Waffen in der Hand den Ernst jener Wahlsiege zu beweisen, Ordnung, majestätische Ruhe (calme majestueux), gesetzliche Haltung, d.h. blinde Unterwerfung unter den Willen der Konterrevolution, der sich als Gesetz breitmachte. Während der Debatte beschämte der Berg die Partei der Ordnung, indem er gegen ihre revolutionäre Leidenschaftlichkeit die leidenschaftslose Haltung des Biedermanns geltend machte, der den Rechtsboden behauptet, und indem er sie mit dem furchtbaren Vorwurfe zu Boden schlug, daß sie revolutionär verfahre. Selbst die neugewählten Deputierten bemühten sich durch anständiges und besonnenes Auftreten zu beweisen, welche Verkennung es war, sie als Anarchisten zu verschreien und ihre Wahl als einen Sieg der Revolution auszulegen. Am 31.Mai ging das neue Wahlgesetz durch. Die Montagne begnügte sich damit, dem Präsidenten einen Protest in die Tasche zu schmuggeln. Dem Wahlgesetz folgte ein neues Preßgesetz, wodurch die revolutionäre Zeitungspresse vollständig beseitigt wurde. Sie hatte ihr Schicksal verdient. „National“ und „La Presse“, zwei bürgerliche Organe, blieben nach dieser Sündflut als äußerste Vorposten der Revolution zurück.

Wir haben gesehen, wie die demokratischen Führer während März und April alles getan hatten, um das Volk von Paris in einen Scheinkampf zu verwickeln, wie sie nach dem 8.Mai alles taten, um es vom wirklichen Kampf abzuhalten. Wir dürfen zudem nicht vergessen, daß das Jahr 1850 eines der glänzendsten Jahre industrieller und kommerzieller Prosperität, also das Pariser Proletariat vollständig beschäftigt war. Allein das Wahlgesetz vom 31.Mai 1850 schloß es von aller Teilnahme an der politischen Gewalt aus. Es schnitt ihm das Kampfterrain selbst ab. Es warf die Arbeiter in die Pariastellung zurück, die sie vor der Februarrevolution eingenommen hatten. Indem sie einem solchen Ereignis gegenüber sich von den Demokraten lenken lassen und das revolutionäre Interesse ihrer Klasse über einem augenblicklichen Wohlbehagen vergessen konnten, verzichteten sie auf die Ehre, eine erobernde Macht zu sein, unterwarfen sich ihrem Schicksale, bewiesen, daß die Niederlage vom Juni 1848 sie für Jahre kampfunfähig gemacht und daß der geschichtliche Prozeß zunächst wieder *über* ihren Köpfen vor sich gehen müsse. Was die kleinbürgerlichen Demokratie betrifft, die am 13.Juni geschrien hatte: „aber wenn erst das allgemeine Wahlrecht angetastet wird, aber dann!“ - so tröstete sie sich jetzt damit, daß der konterrevolutionäre Schlag, der sie getroffen, kein Schlag und das Gesetz vom 31.Mai kein Gesetz sei. Am zweiten [Sonntag des Monats] Mai 1852 erscheint jeder Franzose auf dem Wahlplatze, in der einen Hand den Stimmzettel, in der anderen das Schwert. Mit dieser Prophezeiung tat sie sich selbst Genüge. Die Armee endlich wurde wie für die Wahlen vom 29.Mai 1849, so für die vom März und April 1850 von ihren Vorgesetzten gezüchtigt. Diesmal sagte sie sich aber entschieden: „Die Revolution prellt uns nicht zum dritten Mal.“

Das Gesetz vom 31.Mai 1850 war der coup d'état der Bourgeoisie. Alle ihre bisherigen Eroberungen über die Revolution hatten nur einen provisorischen Charakter. Sie waren in Frage gestellt, sobald die jetzige Nationalversammlung von der Bühne abtrat. Sie hingen von dem Zufall einer neuen allgemeinen Wahl ab, und die Geschichte der Wahlen seit 1848 bewies unwiderleglich, daß in demselben Maße, wie die faktische Herrschaft der Bourgeoisie sich entwickelte, ihre moralische Herrschaft über die Volksmassen verlorenging. Das allgemeine Wahlrecht erklärte sich am 10.März direkt gegen die Herrschaft der Bourgeoisie, die Bourgeoisie antwortete mit der Ächtung des allgemeinen Wahlrechts. Das Gesetz vom 31.Mai war also eine der Notwendigkeiten des Klassenkampfes. Andererseits erheischte die Konstitution, damit die Wahl des Präsidenten der Republik gültig sei, ein Minimum von zwei Millionen Stimmen. Erhielt keiner der Präsidentschaftskandidaten dies Minimum, so sollte die Nationalversammlung unter den drei Kandidaten, denen die meisten Stimmen zufallen würden, den Präsidenten wählen. Zur Zeit, wo die Konstituante dies Gesetz machte, waren zehn Millionen Wähler auf den Stimmlisten eingeschrieben. In ihrem Sinne reichte also ein Fünftel der Wahlberechtigten hin, um die Präsidentschaftswahl gültig zu machen. Das Gesetz vom 31.Mai strich wenigstens drei Millionen Stimmen von den Wahllisten, reduzierte so die Zahl der Wahlberechtigten auf sieben Millionen und behielt nichtsdestoweniger das gesetzliche Minimum von zwei Millionen für die Präsidentschaftswahl bei. Es erhöhte also das gesetzliche Minimum von einem Fünftel auf beinah ein Drittel der wahlfähigen Stimmen, d.h., es tat alles, um die Präsidentenwahl aus den Händen des Volkes in die Hände der Nationalversammlung hinüberzuschmuggeln. So schien die Partei der Ordnung durch das Wahlgesetz vom 31.Mai ihre Herrschaft doppelt befestigt zu haben, indem sie die Wahl der Nationalversammlung und die des Präsidenten der Republik dem stationären Teil der Gesellschaft anheimgab.

Der Kampf brach sofort wieder aus zwischen der Nationalversammlung und Bonaparte, sobald die revolutionäre Krise überdauert und das allgemeine Wahlrecht abgeschafft war.

Die Konstitution hatte das Gehalt Bonapartes auf 600 000 Francs festgesetzt. Kaum ein halbes Jahr nach seiner Installierung gelang es ihm, diese Summe auf das Doppelte zu erhöhn. Odilon Barrot ertrotzte nämlich von der konstituierenden Nationalversammlung einen jährlichen Zuschuß von 600 000 Francs für sogenannte Repräsentationsgelder. Nach dem 13.Juni hatte Bonaparte ähnliche Anliegen verlauten lassen, ohne diesmal bei Barrot Gehör zu finden. Jetzt nach dem 31.Mai benutzte er sofort den günstigen Augenblick und ließ seine Minister eine Zivilliste von drei Millionen in der Nationalversammlung beantragen. Ein langes abenteuerndes Vagabundenleben hatte ihn mit den entwickelsten Fühlhörnern begabt, um die schwachen Momente herauszutasten, wo er seinen Bourgeois Geld abpressen durfte. Er trieb förmlich chantage. Die Nationalversammlung hatte die Volkssouveränität mit seiner Mithülfe und seinem Mitwissen geschändet. Er drohte ihr Verbrechen dem Volksgericht zu denunzieren, falls sie nicht den Beutel ziehe und sein Stillschweigen mit drei Millionen jährlich erkaufe. Sie hatte drei Millionen Franzosen ihres Stimmrechts beraubt. Er verlangte für jeden außer Kurs gesetzten Franzosen einen Kurs habenden Franken, genau drei Millionen Francs. Er, der Erwählte von sechs Millionen, forderte Schadenersatz für die Stimmen, um die man ihn nachträglich geprellt habe. Die Kommission der Nationalversammlung wies den Zudringlichen ab. Die bonapartistische Presse drohte. Konnte die Nationalversammlung mit dem Präsidenten der Republik brechen in dem Augenblicke, wo sie prinzipiell und definitiv mit der Masse der Nation gebrochen hatte? Sie verwarf zwar die jährliche Zivilliste, aber sie bewilligte einen einmaligen Zuschuß von 2 160 00 Franc. Sie machte sich so der doppelten Schwäche schuldig, daß Geld zu bewilligen und zugleich durch ihren Ärger zu zeigen, daß sie es nur widerwillig bewillige. Wir werden später sehen, wozu Bonaparte das Geld brauchte. Nach diesem ärgerlichen Nachspiel, das der Abschaffung des allgemeinen Stimmrechts auf dem Fuße folgte und worin Bonaparte seine demütige Haltung während der Krise des März und April mit herausfordernder Unverschämtheit gegen das usurpatorische Parlament vertauschte, vertagte sich die Nationalversammlung für drei Monate vom 11.August bis 11.November. Sie ließ an ihrer Stelle eine Permanenzkommission von 28 Mitgliedern zurück, die keinen Bonapartisten enthielt, wohl aber einige gemäßigte Republikaner. Die Permanenzkommission vom Jahre 1849 hatte nur Männer der Ordnung und Bonapartisten gezählt. Aber damals erklärte sich die Partei der Ordnung in Permanenz gegen die Revolution. Diesmal erklärte sich die parlamentarische Republik in Permanenz gegen den Präsidenten. Nach dem Gesetze vom 31.Mai stand der Partei der Ordnung nur noch dieser Rival gegenüber.

Als die Nationalversammlung im November 1850 wieder zusammentrat, schien statt ihrer bisherigen kleinlichen Plänkeleien mit dem Präsidenten ein großer rücksichtsloser Kampf, ein Kampf der beiden Gewalten auf Leben und Tod unvermeidlich geworden zu sein.

Wie im Jahre 1849 war die Partei der Ordnung während der diesjährigen Parlamentsferien in ihre einzelnen Fraktionen auseinandergegangen, jede beschäftigt mit ihren eignen Restaurationsintrigen, die durch den Tod Louis-Philippes neue Nahrung erhalten hatten. Der Legitimistenkönig Heinrich V. hatte sogar ein förmliches Ministerium ernannt, das zu Paris residierte und worin Mitglieder der Permanenzkommission saßen. Bonaparte war also berechtigt, seinerseits Rundreisen durch die französischen Departements zu machen und je nach der Stimmung der Stadt, die er mit seiner Gegenwart beglückte, bald versteckter, bald offener seine eignen Restaurationspläne auszuplaudern und Stimmen für sich zu werben. Auf diesen Zügen, die der große offizielle „Moniteur" und die kleinen Privatmoniteure Bonapartes natürlich als Triumphzüge feiern mußten, war er fortwährend begleitet von Affiliierten der *Gesellschaft des 10.Dezember*. Diese Gesellschaft datiert vom Jahre 1849. Unter dem Vorwande, eine Wohltätigkeitsgesellschaft zu stiften, war das Pariser Lumpenproletariat in geheime Sektionen organisiert worden, jede Sektion von einem bonapartistischen Agenten geleitet, an der Spitze ein bonapartistischer General. Neben zerrütteten Roués mit zweideutigen Subsistenzmitteln und von zweideutiger Herkunft, neben verkommenen und abenteuernden Ablegern der Bourgeoisie Vagabunden, entlassene Soldaten, entlassene Zuchthaussträflinge, entlaufene Galeerensklaven,

Gauner, Gaukler, Lazzaroni, Taschendiebe, Taschenspieler, Spieler, Maquereaus, Bordellhalter, Lastträger, Literaten, Orgeldreher, Lumpensammler, Scherenschleifer, Kesselflicker, Bettler, kurz, die ganze unbestimmte, aufgelöste, hin- und hergeworfene Masse, die die Franzosen la bohème nennen; mit diesem ihm verwandten Elemente bildete Bonaparte den Stock der Gesellschaft vom 10.Dezember. „Wohltätigkeitsgesellschaft" - insofern alle Mitglieder gleich Bonaparte das Bedürfnis fühlten, sich auf Kosten der arbeitenden Nation wohlzutun. Dieser Bonaparte, der sich als *Chef des Lumpenproletariats* konstituiert, der hier allein in massenhafter Form die Interessen wiederfindet, die er persönlich verfolgt, der in diesem Auswurf, Abfall, Abhub aller Klassen die einzige Klasse erkennt, auf die er sich unbedingt stützen kann, er ist der wirkliche Bonaparte, der Bonaparte sans phrase ohne Beschönigung. Alter durchtriebener Roué, faßt er das geschichtliche Leben der Völker und die Haupt- und Staatsaktionen derselben als Komödie im ordinärsten Sinne auf, als eine Maskerade, wo die großen Kostüme, Worte und Posituren nur der kleinlichsten Lumperei zur Maske dienen. So bei seinem Zug nach Straßburg, wo ein geschulter Schweizer Geier den napoleonischen Adler vorstellt. Für seinen Einfall in Boulogne steckte er einige Londoner Lakaien in französische Uniform. Sie stellen die Armee vor. In seiner Gesellschaft vom 10.Dezember sammelte er 10 000 Lumpenkerls, die das Volk vorstellen müssen, wie Klaus Zettel den Löwen. In einem Augenblick, wo die Bourgeoisie selbst die vollständigste Komödie spielte, aber in der ernsthaftesten Weise von der Welt, ohne irgendeine der pedantischen Bedingungen der französischen dramatischen Etikette zu verletzen, und selbst halb geprellt, halb überzeugt von der Feierlichkeit ihrer eignen Haupt- und Staatsaktion, mußte der Abenteurer siegen, der die Komödie platt als Komödie nahm. Erst wenn er seinen feierlichen Gegner beseitigt hat, wenn er nun selbst seine kaiserliche Rolle im Ernste nimmt und mit der napoleonischen Maske den wirklichen Napoleon vorzustellen meint, wird er das Opfer seiner eignen Weltanschauung, der ernsthafte Hanswurst, der nicht mehr die Weltgeschichte als eine Komödie, sondern seine Komödie als Weltgeschichte nimmt. Was für die sozialistischen Arbeiter die

Nationalateliers, was für die Bourgeois-Republikaner die Gardes mobiles, das war für Bonaparte die Gesellschaft vom 10.Dezember, die ihm eigentümliche Parteistreitmacht. Auf seinen Reisen mußten die auf der Eisenbahn verpackten Abteilungen derselben ihm ein Publikum improvisieren, den öffentlichen Enthusiasmus aufführen, vive l'Empereur heulen, die Republikaner insultieren und durchprügeln, natürlich unter dem Schutze der Polizei. Auf seinen Rückfahrten nach Paris mußten sie die Avantgarde bilden, Gegendemonstrationen zuvorkommen oder sie auseinanderjagen. Die Gesellschaft vom 10.Dezember gehörte ihm, sie war *sein* Werk, sein eigenster Gedanke. Was er sich sonst aneignet, gibt ihm die Macht der Verhältnisse anheim, was er sonst tut, tun die Verhältnisse für ihn oder begnügt er sich, von den Taten andrer zu kopieren; aber er, mit den offiziellen Redensarten der Ordnung, der Religion, der Familie, des Eigentums öffentlich vor den Bürgern, hinter ihm die geheime Gesellschaft der Schufterles und der Spiegelbergs, die Gesellschaft der Unordnung, der Prostitution und des Diebstahls, das ist Bonaparte selbst als Originalautor, und die Geschichte der Gesellschaft des 10.Dezember ist seine eigne Geschichte. Es hatte sich nun ausnahmsweise ereignet, daß der Ordnungspartei angehörige Volksrepräsentanten unter die Stöcke der Dezembristen gerieten. Noch mehr. Der der Nationalversammlung zugewiesene, mit der Bewachung der Sicherheit beauftragte Polizeikommissär Yon zeigte auf die Aussage eines gewissen Allais hin der Permanenzkommission an, eine Sektion der Dezembristen habe die Ermordung des Generals Changarnier und Dupins, des Präsidenten der Nationalversammlung, beschlossen und zu deren Vollstreckung schon die Individuen bestimmt. Man begreift den Schreck des Herrn Dupin. Eine parlamentarische Enquête über die Gesellschaft vom 10.Dezember, d.h. die Profanierung der Bonaparteschen Geheimwelt, schien unvermeidlich. Gerade vor dem Zusammentritt der Nationalversammlung löste Bonaparte vorsorglich seine Gesellschaft auf, natürlich nur auf dem Papiere, denn noch Ende 1851 suchte der Polizeipräfekt Carlier in einem ausführlichen Memoire ihn vergeblich zur wirklichen Auseinanderjagung der Dezembristen zu bewegen.

Die Gesellschaft vom 10.Dezember sollte so lange die Privatarmee Bonapartes bleiben, bis es ihm gelang, die öffentliche Armee in eine Gesellschaft vom 10.Dezember zu verwandeln. Bonaparte machte hierzu den ersten Versuch kurz nach der Vertagung der Nationalversammlung, und zwar mit dem eben ihr abgetrotzten Gelde. Als Fatalist lebte er der Überzeugung, daß es gewisse höhere Mächte gibt, denen der Mensch und insbesondere der Soldat nicht widerstehen kann. Unter diese Mächte zählt er in erster Linie Zigarre und Champagner, kaltes Geflügel und Knoblauchswurst. Er traktierte daher in den Gemächern des Elysée zunächst Offiziere und Unteroffiziere mit Zigarre und Champagner, mit kaltem Geflügel und Knoblauchswurst. Am 3.Oktober wiederholt er dies Manöver mit den Truppenmassen bei der Revue von St.Maur und am 10.Oktober dasselbe Manöver auf noch größerer Stufenleiter bei der Armeeschau von Satory. Der Onkel erinnerte sich der Feldzüge Alexanders in Asien, der Neffe der Eroberungszüge Bacchus in demselben Lande. Alexander war allerdings ein Halbgott, aber Bacchus war ein Gott, und dazu der Schutzgott der Gesellschaft vom 10.Dezember.

Nach der Revue vom 3.Oktober lud die Permanenzkommission den Kriegsminister d'Hautpoul vor sich. Er versprach, jene Disziplinarwidrigkeiten sollten sich nicht wiederholen. Man weiß, wie Bonaparte am 10.Oktober d'Hautpouls Wort hielt. In beiden Revuen hatte Changarnier kommandiert als Oberbefehlshaber der Armee von Paris. Er, zugleich Mitglied der Permanenzkommission, Chef der Nationalgarde, „Retter“ vom 19.Januar und 13.Juni, „Bollwerk der Gesellschaft“, Kandidat der Ordnungspartei für die Präsidentenwürde, der geahnte Monk zweier Monarchien, hatte bisher nie seine Unterordnung unter den Kriegsminister anerkannt, die republikanischen Institution stets offen verhöhnt, Bonaparte mit einer zweideutig vornehmen Protektion verfolgt. Jetzt eiferte er für die Disziplin gegen den Kriegsminister und für die Konstitution gegen Bonaparte. Während am 10.Oktober ein Teil der Kavallerie den Ruf: „Vive Napoléon! Vivent les saucissons!“ ertönen ließ, veranstaltete Changarnier, daß wenigstens die unter dem Kommando seines Freundes Neumayer vorbeidefilierende Infanterie ein eisiges

Stillschweigen beobachtete. Zur Strafe entsetzte der Kriegsminister auf Bonapartes Antrieb den General Neumayer seines Postens in Paris, unter dem Vorwand, ihn als Obergeneral der 14. und 15. Militärdivision zu bestallen. Neumayer schlug diesen Stellenwechsel aus und mußte so seine Entlassung nehmen. Changarnier seinerseits veröffentlichte am 2.November einen Tagesbefehl, worin er den Truppen verbot, politische Ausrufungen und Demonstrationen irgendeiner Art sich unter den Waffen zu erlauben. Die elyseeischen Blätter griffen Changarnier an, die Blätter der Ordnungspartei Bonaparte, die Permanenzkommission wiederholte geheime Sitzungen, worin wiederholt beantragt wurde, das Vaterland in Gefahr zu erklären, die Armee schien in zwei feindliche Lager geteilt mit zwei feindlichen Generalstäben, der eine im Elysée, wo Bonaparte, der andere in den Tuilerien, wo Changarnier hauste. Es schien nur des Zusammentritts der Nationalversammlung zu bedürfen, damit das Signal zum Kampfe erschalle. Das französische Publikum beurteilte diese Reibungen zwischen Bonaparte und Changarnier wie jener englische Journalist, der sie mit folgenden Worten charakterisiert hat:

„Die politischen Hausmägde Frankreichs kehren die glühende Lava der Revolution mit alten Besen weg und keifen sich aus, während sie ihre Arbeit verrichten."

Unterdes beeilte sich Bonaparte, den Kriegsminister d'Hautpoul zu entsetzen, ihn Hals über Kopf nach Algier zu spedieren und an seine Stelle General Schramm zum Kriegsminister zu ernennen. Am 12.November sandte er der Nationalversammlung eine Botschaft von amerikanischer Weitläufigkeit, überladen mit Details, ordungsduftend, versöhnungslüstern, konstitutionell-resigniert, von allem und jedem handelnd, nur nicht von den questions brûlantes des Augenblicks. Wie im Vorbeigehen ließ er die Worte fallen, daß den ausdrücklichen Bestimmungen der Konstitution gemäß der Präsident allein über die Armee verfüge. Die Botschaft schloß mit folgenden hochtbeteuernden Worten:

„Frankreich verlangt jetzt vor allem anderen Ruhe ... Allein durch einen Eid gebunden, werde ich mich innerhalb der engen Grenzen halten, die er

mir gezogen hat ... Was mich betrifft, vom Volke erwählt und ihm allein meine Macht schuldend, ich werde mich stets seinem gesetzlich ausgedrückten Willen fügen. Beschließt Ihr in dieser Sitzung die Revision der Konstitution, so wird eine konstituierende Versammlung die Stellung der Exekutivgewalt regeln. Wo nicht, so wird das Volk 1852 feierlich seinen Entschluß verkünden. Was aber immer die Lösungen der Zukunft sein mögen, laßt uns zu einem Verständnis kommen, damit niemals Leidenschaft, Überraschung oder Gewalt über das Schicksal einer großen Nation entscheiden ... Was vor allem meine Aufmerksamkeit in Anspruch nimmt, ist nicht, zu wissen, wer 1852 über Frankreich regieren wird, sondern die Zeit, die zu meiner Verfügung steht, so zu verwenden, daß die Zwischenperiode ohne Agitation und Störung vorübergehe. Ich habe mit Aufrichtigkeit mein Herz vor Euch geöffnet, Ihr werdet meiner Offenheit mit Eurem Vertrauen antworten, meinem guten Streben durch Eure Mitwirkung, und Gott wird das übrige tun."

Diese honette, heuchlerisch gemäßigte, tugendhaft gemeinplätzliche Sprache der Bourgeoisie offenbart ihren tiefsten Sinn im Munde des Selbstherrschers der Gesellschaft vom 10.Dezember und des Picknickhelden von St.Maur und Satory

Die Burggrafen der Ordnungspartei täuschten sich keinen Augenblick über das Vertrauen, das diese Herzenseröffnung verdiene. Über Eide waren sie längst blasiert, sie zählten Veteranen, Virtuosen des politischen Meineids in ihrer Mitte, sie hatten die Stelle über die Armee nicht überhört. Sie bemerkten mit Unwillen, daß die Botschaft in der weitschweifigen Aufzählung der jüngst erlassenen Gesetze das wichtigste Gesetz, das Wahlgesetz, mit affek- tiertem Stilschweigen überging und vielmehr im Falle der Nichtrevision der Verfassung die Wahl des Präsidenten für 1852 dem Volk anheimstellte. Das Wahlgesetz war die Bleikugel an den Füßen der Ordnungspartei, die sie am Gehen behinderte und nun gar am Stürmen! Zudem hatte Bonaparte durch die amtliche Auflösung der Gesellschaft vom 10.November und die Entlassung des Kriegsministers d'Hautpoul die Sündenböcke mit eigener Hand auf dem Altar des Vaterlandes geopfert. Er hatte den erwarteten Kollision die

Spitze abgebrochen. Endlich suchte die Ordnungspartei selbst ängstlich jeden entscheidenden Konflikt mit der Exekutivgewalt zu umgehen, abzuschwächen, zu vertuschen. Aus Furcht, die Eroberungen über die Revolution zu verlieren, ließ sie ihren Rivalen die Früchte derselben gewinnen. „Frankreich verlangt vor allem andern Ruhe." So rief die Ordnungspartei der Revolution seit Februar zu, so rief Bonapartes Botschaft der Ordnungspartei zu. „Frankreich verlangt vor allem Ruhe." Bonaparte beging Handlungen, die auf Usurpation hinzielten, aber die Ordnungspartei beging die „Unruhe", wenn sie Lärm über diese Handlungen schlug und sie hypochondrisch auslegte. Die Würste von Satory waren mausestill, wenn niemand von ihnen sprach. „Frankreich verlangt vor allem Ruhe." Also verlangte Bonaparte, daß man ihn ruhig gewähren lasse, und die parlamentarische Partei war von doppelter Furcht gelähmt, von der Furcht, die revolutionäre Unruhe wieder heraufzubeschwören, von der Furcht, selbst als der Unruhestifter in den Augen ihrer eigenen Klasse, in den Augen der Bourgeoisie zu erscheinen. Da Frankreich also vor allem andern Ruhe verlangte, wagte die Ordnungspartei nicht, nachdem Bonaparte in seiner Botschaft „Frieden" gesprochen hatte, „Krieg" zu antworten. Das Publikum, das sich mit großen Skandalszenen bei Eröffnung der Nationalversammlung geschmeichelt hatte, wurde in seinen Erwartungen geprellt. Die Oppositionsdeputierten, welche Vorlage der Protokolle der Permanenzkommission über die Oktoberereignisse verlangten, wurden von der Majorität überstimmt. Man floh prinzipiell alle Debatte, die aufregen konnte. Die Arbeiten der Nationalversammlung während November und Oktober 1850 waren ohne Interesse.

Endlich gegen Ende Dezember begann der Guerillakrieg um einzelne Prärogativen des Parlaments. In kleinlichen Schikanen um die Prärogative der beiden Gewalten versumpfte die Bewegung, seitdem die Bourgeoisie mit der Abschaffung des allgemeinen Wahlrechts den Klassenkampf zunächst abgemacht hatte.

Gegen Mauguin, einen der Volksrepräsentanten, war schuldenhalber ein gerichtliches Urteil erwirkt worden. Auf Anfrage des

Gerichtspräsidenten erklärte der Justizminister Rouher, es sei ohne weitere Umstände ein Verhafts- befehl gegen den Schuldner auszufertigen. Mauguin wurde also in den Schuldturm geworfen. Die Nationalversammlung brauste auf, als sie das Attentat erfuhr. Sie verordnete nicht nur seine sofortige Freilassung, sondern ließ ihn auch noch denselben Abend von ihrem greffier gewaltsam aus Clichy herausholen. Um jedoch ihren Glauben an die Heiligkeit des Privateigentums zu bewahren, und mit dem Hintergedanken, im Notfall ein Asyl für lästig gewordene Montagnards zu eröffnen, erklärte sie die Schuldhaft von Volksrepräsentanten nach vorheriger Einholung ihrer Erlaubnis für zulässig. Sie vergaß zu dekretieren, daß auch der Präsident schuldenhalber eingesperrt werden könne. Sie vernichtete den letzten Schein der Unverletzlichkeit, der die Glieder ihres eigenen Körpers umgab.

Man erinnert sich, daß der Polizeikommissionärs Yon eine Sektion der Dezembristen auf Aussage eines gewissen Allais hin wegen Mordplans auf Dupin und Changarnier denunziert hatte. Gleich in der ersten Sitzung machten die Quästoren mit Bezug hierauf den Vorschlag, eine eigne parlamentarische Polizei zu bilden, besoldet aus dem Privatbudget der Nationalversammlung und durchaus unabhängig von dem Polizeipräfekten. Der Minister des Innern, Baroche, hatte gegen diesen Eingriff in sein Ressort protestiert. Man schloß darauf einen elenden Kompromiß, wonach der Polizeikommissionär der Versammlung zwar aus ihrem Privatbudget besoldet und von ihren Quästoren ein- und abgesetzt werden solle, aber nach vorheriger Verständigung mit dem Minister des Innern. Unterdessen war Allais gerichtlich von der Regierung verfolgt worden, und hier war es leicht, seine Aussage als eine Mystifikation darzustellen und durch den Mund des öffentlichen Anklägers einen lächerlichen Schein auf Dupin, Changarnier, Yon und die ganze Nationalversammlung zu werfen. Jetzt, am 29.Dezember, schreibt der Minister Baroche einen Brief an Dupin, worin er die Entlassung Yons verlangt. Das Büro der Nationalversammlung beschließt, Yon in seiner Stelle zu erhalten, aber die Nationalversammlung, über ihre

Gewaltsamkeit in Mauguins Angelegenheit erschreckt und gewohnt, wenn sie einen Schlag gegen die Exekutivgewalt gewagt hat, zwei Schläge von ihr im Austausch zurückzuerhalten, sanktioniert diesen Beschluß nicht. Sie entläßt Yon zur Belohnung seines Diensteifers und beraubt sich einer parlamentarischen Prärogative, unerläßlich gegen einen Menschen, der nicht in der Nacht beschließt, um bei Tage auszuführen, sondern bei Tage beschließt und in der Nacht ausführt.

Wir haben gesehn, wie die Nationalversammlung während der Monate November und Dezember bei großen schlagenden Veranlassungen den Kampf mit der Exekutivgewalt umging, niederschlug. Jetzt sehen wir sie gezwungen, ihn bei den kleinlichsten Anlässen aufzunehmen. In der Angelegenheit Mauguins bestätigte sie dem Prinzip nach die Schuldhaft der Volksrepräsentanten, behält sich aber vor, es nur auf ihr mißliebige Repräsentanten anwenden zu lassen, und um dieses infame Privilegium hadert sie mit dem Justizminister. Statt den angeblichen Mordplan zu benutzen, um eine Enquête über die Gesellschaft vom 10.Dezember zu verhängen und Bonaparte in seiner wahren Gestalt als das Haupt des Pariser Lumpenproletariats vor Frankreich und Europa rettungslos bloßzustellen, läßt sie die Kollision auf einen Punkt herabsinken, wo es sich zwischen ihr und dem Minister des Innern nur noch darum handelt, zu wessen Kompetenz die Ein- und Absetzung eines Polizeikommissionärs gehört. So sehn wir die Partei der Ordnung während dieser ganzen Periode durch ihre zweideutige Stellung gezwungen, ihren Kampf mit der Exekutivgewalt in kleinliche Kompetenzzwiste, Schikanen, Rabulistereien, Grenzstreitigkeiten zu verpuffen, zu verbröckeln und die abgeschmacktesten Formfragen zum Inhalt ihrer Tätigkeit zu machen. Sie wagt die Kollision nicht aufzunehmen in dem Augenblicke, wo sie einen prinzipielle Bedeutung hat, wo die Exekutivgewalt sich wirklich bloßgestellt hat und die Sache der Nationalversammlung die nationale Sache wäre. Sie würde dadurch der Nation eine Marsch-Ordre ausstellen, und sie fürchtete nichts mehr, als daß sich die Nation bewege. Bei solchen Gelegenheiten weist sie daher die Anträge der Montagne zurück und geht zur Tagesordnung über.

Nachdem die Streitfrage so in ihren großen Dimensionen aufgegeben ist, wartet die Exekutivgewalt ruhig den Zeitpunkt ab, wo sie dieselbe bei kleinlich unbedeutenden Anlässen wiederaufnehmen kann, wo sie sozusagen nur noch ein parlamentarisches Lokalinteresse bietet. Dann bricht die verhaltne Wut der Ordnungspartei aus, dann reißt sie den Vorhang von den Kulissen, dann denunziert sie den Präsidenten, dann erklärt sie die Republik in Gefahr, aber dann erscheint auch ihr Pathos abgeschmackt und der Anlaß des Kampfes als heuchlerischer Vorwand oder überhaupt des Kampfes nicht wert. Der parlamentarische Sturm wird zu einem Sturme in einem Glas Wasser, der Kampf zur Intrige, die Kollision zum Skandal. Während die Schadenfreude der revolutionären Klassen sich an der Demütigung der Nationalversammlung weidet, denn sie schwärmen ebensosehr für die parlamentarischen Prärogativen derselben wie jene Versammlung für die öffentliche Freiheiten, begreift die Bourgeoisie außerhalb des Parlaments nicht, wie die Bourgeoisie innerhalb des Parlaments ihre Zeit mit so kleinlichen Zänkereien vergeuden und die Ruhe durch so elende Rivalitäten mit dem Präsidenten bloßstellen kann. Sie ist verwirrt über eine Strategie, die in dem Augenblicke Frieden schließt, wo alle Welt Schlachten erwartet, und in dem Augenblicke angreift, wo alle Welt den Frieden geschlossen glaubt.

Am 20.Dezember interpellierte Pascal Duprat den Minister des Innern über die Goldbarrenlotterie. Diese Lotterie war eine „Tochter aus Elysium“, Bonaparte hatte sie mit seinen Getreuen auf die Welt gesetzt und der Polizeipräfekt Carlier hatte sie unter seine offizielle Protektion gestellt, obgleich das französische Gesetz alle Lotterien mit Ausnahme der Verlosung zu wohltätigen Zwecken untersagt. Sieben Millionen Lose, Stück für Stück ein Frank, der Gewinn angeblich bestimmt zur Verschiffung von Pariser Vagabunden nach Kalifornien. Einerseits sollten goldene Träume die sozialistischen Träume des Pariser Proletariats verdrängen, die verführerische Aussicht auf das große Los das doktrinäre Recht auf Arbeit. Die Pariser Arbeiter erkannten natürlich in dem Glanze der kalifornischen Goldbarren die unscheinbaren Franken nicht wieder, die man ihnen aus der Tasche lockte. In der Hauptsache aber handelte es sich um eine direkte Prellerei. Die Vagabunden, die kalifornische Goldminen eröffnen wollten, ohne sich aus Paris wegzubemühn, waren Bonaparte selbst und seine schuldenzerrüttete Tafelrunde. Die von der Nationalversammlung bewilligten drei Millionen waren verjubelt, die Kasse mußte auf die eine oder die andere Weise wieder gefüllt werden. Vergebens hatte Bonaparte zur Errichtung von sogenannten cités ouvrièrs eine Nationalsubskription eröffnet, an deren Spitze er selbst mit einer bedeutenden Summe figurierte. Die hartherzige Bourgeois warteten mißtrauisch die Einzahlung seiner Aktie ab, und da diese natürlich nicht erfolgte, fiel die Spekulation auf die sozialistischen Luftschlösser platt zu Boden. Die Goldbarren zogen besser. Bonaparte und Genossen begnügten sich nicht damit, den Überschuß der sieben Millionen Lose über die auszuspielenden Barren teilweise in die Tasche zu stecken, sie fabrizierten falsche Lose, sie gaben auf dieselbe Nummer zehn, fünfzehn bis zwanzig Lose aus, Finanzoperationen im Geiste der Gesellschaft vom 10.Dezember. Hier hatte die Nationalversammlung nicht den fiktiven Präsidenten der Republik sich gegenüber, sondern den Bonaparte in Fleisch und Blut. Hier konnte sie ihn auf der Tat ertappen im Konflikte nicht mit der Konstitution, sondern mit dem Code pénal. Wenn sie auf Duprats Interpellation zur Tagesordnung überging, geschah es nicht nur, weil Girardins Antrag, sich für „satisfait" zu erklären, der Ordnungspartei ihre systematische Korruption ins Gedächtnis rief. Der Bourgeois, und vor allem der zum Staatsmann aufgeblähte Bourgeois, ergänzt seine praktische Gemeinheit durch eine theoretische Überschwenglichkeit. Als Staatsmann wird er wie die Staatsgewalt, die ihm gegenübersteht, ein höheres Wesen, das nur in höherer, geweihter Weise bekämpft werden kann.

Bonaparte, der eben als Bohemien, als prinzlicher Lumpenproletarier den Vorzug vor dem schuftigen Bourgeois hatte, daß er den Kampf gemein führen konnte, sah nun, nachdem die Versammlung selbst ihn über den schlüpfrigen Boden der Militärbanketts, der Revuen, der Gesellschaft vom 10.Dezember und endlich des Code pénal mit eigner Hand hinübergeleitet hatte, den Augenblick gekommen, wo er aus der scheinbaren Defensive in die Offensive übergehn konnte. Wenig genierten ihn die mittendurch spielenden kleinen Niederlagen des Justizministers, des Kriegsministers, des Marineministers, des Finanzministers, wodurch die Nationalversammlung ihr knurriges Mißvergnügen kundgab. Er verhinderte nicht nur die Minister abzutreten und so die Unterwerfung der Exekutivgewalt unter das Parlament anzuerkennen. Er konnte nun vollbringen, womit er während der Ferien der Nationalversammlung begonnen hatte, die Losreißung der Militärgewalt vom Parlamente, die *Absetzung Changarniers*.

Ein elyseeisches Blatt veröffentlichte einen Tagesbefehl, während des Monats Mai angeblich an die erste Militärdivision gerichtet, also von Changarnier ausgehend, worin den Offizieren empfohlen wurde, im Falle einer Empörung den Verrätern in den eignen Reihen kein Quartier kein Pardonzu geben, sie sofort zu erschießen und der Nationalversammlung die Truppen zu verweigern, wenn sie dieselben requirieren sollte. Am 3.Januar 1851 wurde das Kabinett über diesen Tagesbefehl interpelliert. Es verlangte zur Prüfung dieser Angelegenheit erst drei Monate, dann eine Woche, endlich nur vierundzwanzig Stunden Bedenkzeit. Die Versammlung besteht auf sofortigem Aufschlusse. Changarnier erhebt sich und erklärt, daß dieser Tagesbefehl nie existiert habe. Er fügt hinzu, daß er sich stets beeilen werde, den Aufforderungen der Nationalversammlung nachzukommen, und daß sie in einem Kollisionsfalle auf ihn rechnen könne. Sie empfängt seine Erklärung mit unaussprechlichem Applaus und dekretiert ihm ein Vertrauensvotum. Sie dankt ab, sie dekretiert ihre eigne Machtlosigkeit und die Allmacht der Armee, indem sie sich unter die Privatprotektion eines Generals begibt, aber der General täuscht sich, wenn er ihr gegen Bonaparte eine Macht zu Gebote stellt, die er nur als Lehen von demselben Bonaparte hält, wenn er seinerseits Schutz von diesem Parlamente, von seinem schutzbedürftigen Schützling erwartet. Aber Changarnier glaubt an die mysteriöse Macht, womit ihn die Bourgeoisie seit dem 29.Januar 1849 ausgestattet. Er hält sich für die dritte Gewalt neben den beiden übrigen Staatsgewalten. Er teilt das Schicksal der übrigen Helden oder vielmehr Heiligen dieser

Epoche, deren Größe eben in der interessierten großen Meinung besteht, die ihre Partei von ihnen aufbringt, und die in Alltagsfiguren zusammenfallen, sobald die Verhältnisse sie einladen, Wunder zu verrichten. Der Unglaube ist überhaupt der tödliche Feind dieser vermeinten Helden und wirklichen Heiligen. Daher ihre würdevoll-sittliche Entrüstung über die enthusiasmusarmen Witzlinge und Spötter.

An demselben Abende wurden die Minister nach dem Elysée beschieden, Bonaparte dringt auf die Absetzung Changarniers, fünf Minister weigern sich, sie zu zeichnen, der „Moniteur" kündigt eine Ministerkrise an, und die Ordnungspresse droht mit der Bildung einer parlamentarischen Armee unter dem Kommando Changarniers. Die Partei der Ordnung hatte die konstitutionelle Befugnis zu diesem Schritte. Sie brauchte bloß Changarnier zum Präsidenten der Nationalversammlung zu ernennen und eine beliebige Truppenmasse zu ihrer Sicherheit zu requirieren. Sie konnte es um so sicherer, als Changarnier noch wirklich an der Spitze der Armee und der Pariser Nationalgarde stand und nur darauf lauerte, mitsamt der Armee requiriert zu werden. Die bonapartistische Presse wagte noch nicht einmal, das Recht der Nationalversammlung zu direkter Requisition der Truppen in Frage zu stellen, ein juristischer Skrupel, der unter den gegebenen Verhältnissen keinen Erfolg versprach. Daß die Armee dem Befehle der Nationalversammlung gehorcht hätte, ist wahrscheinlich, wenn man erwäge, daß Bonaparte acht Tage in ganz Paris suchen mußte, um endlich zwei Generäle zu finden - Baraguay d'Hilliers und St-Jean-d'Angley -, die sich bereit erklärten, die Absetzung Changarniers zu kontrasignieren. Daß die Ordnungspartei aber in ihren eignen Reihen und im Parlamente die zu einem solchen Beschluß nötige Stimmenzahl gefunden hätte, ist mehr als zweifelhaft, wenn man bedenkt, daß acht Tage später 286 Stimmen sich von ihr trennten und daß die Montagne einen ähnlichen Vorschlag noch im Dezember 1851, in der letzten Stunde der Entscheidung, verwarf. Indessen wäre es vielleicht den Burggrafen jetzt noch gelungen, die Masse ihrer Partei zu einem Heroismus hinzureißen, der darin bestand, sich hinter einem Wald von Bajonetten sicher zu fühlen und den Dienst einer Armee anzunehmen, die in ihr Lager desertiert war. Statt dessen begaben sich die Herren Burggrafen am Abende des 6.Januar ins Elysée, um durch staatskluge Wendungen und Bedenken Bonaparte von der Absetzung Changarniers abstehn zu machen. Wen man zu überreden versucht, den erkennt man als den Meister der Situation an. Bonaparte, durch diesen Schritt sicher gemacht, ernennt am 12.Januar ein neues Ministerium, worin die Führer des alten, Fould und Baroche, verbleiben. St-Jean- d'Angely wird Kriegsminister, der „Moniteur“ bringt das Absetzungsdekret Changarniers, sein Kommando wird geteilt unter Baraguay d'Hilliers, der die erste Militärdivision, und Perrot, der die Nationalgarde erhält. Das Bollwerk der Gesellschaft ist abgedankt, und wenn kein Stein darüber vom Dache fällt, steigen dagegen die Börsenkurse.

Indem sie die Armee, die sich ihr in Changarniers Person zur Verfügung stellt, zurückstößt und so unwiderruflich dem Präsidenten überantwortet, erklärt die Ordnungspartei, daß die Bourgeoisie den Beruf zum Herrschen verloren hat. Es existiert bereits kein parlamentarisches Ministerium mehr. Indem sie nun noch die Handhabe der Armee und Nationalgarde verlor, welches Gewaltmittel blieb ihr, um gleichzeitig die usurpierte Gewalt des Parlaments über das Volk und seine konstitutionelle Gewalt gegen den Präsidenten zu behaupten? Keins. Es blieb ihr nur noch der Appell an gewaltlose Prinzipien, die sie selbst stets nur als allgemeine Regeln ausgelegt hatte, die man dritten vorschreibt, um sich selbst desto freier bewegen zu können. Mit der Absetzung Changarniers, mit dem Anheimfall der Militärgewalt an Bonaparte, schließt er erste Abschnitt der Periode, die wir betrachten, der Periode des Kampfes zwischen der Ordnungspartei und der Exekutivgewalt. Der Krieg zwischen den beiden Gewalten ist jetzt offen erklärt, wird offen geführt, aber erst nachdem die Ordnungspartei Waffen und Soldaten verloren hat. Ohne Ministerium, ohne Armee, ohne Volk, ohne öffentliche Meinung, seit ihrem Wahlgesetz vom 31.Mai nicht mehr die Repräsentantin der souveränen Nation, ohn' Aug', ohn' Ohr, ohn' Zahn, ohn' alles, hatte sich die Nationalversammlung allgemach in ein *altfranzösisches Parlament* verwandelt, das die Aktion der Regierung überlassen und sich selbst mit knurrenden Remonstrationen post festum begnügen muß.

Die Ordnungspartei empfängt das neue Ministerium mit einem Sturme der Entrüstung. General Badeau ruft die Milde der Permanenzkommission während der Ferien ins Gedächtnis zurück und die übergroße Rücksicht, womit sie auf die Veröffentlichung ihrer Protokolle verzichtet habe. Der Minister des Innern besteht nun selbst auf Veröffentlichung dieser Protokolle, die jetzt natürlich schal wie abgestandenes Wasser geworden sind, keine neue Tatsache enthüllen und ohne die geringste Wirkung in das blasierte Publikum fallen. Auf Rémusats Vorschlag zieht sich die Nationalversammlung in ihre Büros zurück und ernennt ein „Komitee außerordentlicher Maßregeln". Paris tritt um so weniger aus dem Gleise seiner alltäglichen Ordnung, als der Handel in diesem Augenblicke prosperiert, die Manufakturen beschäftigt sind, die Getreidepreise niedrig stehn, die Lebensmittel überfließen, die Sparkassen täglich neue Depositen erhalten. Die „außerordentlichen Maßregeln", die das Parlament so geräuschvoll angekündigt hat, verpuffen am 18.Januar in ein Mißtrauensvotum gegen die Minister, ohne daß General Changarnier auch nur erwähnt wurde. Die Ordnungspartei war zu dieser Fassung ihres Votums gezwungen, um sich die Stimmen der Republikaner zu sichern, da diese von allen Maßregeln des Ministeriums gerade nur die Absetzung Changarniers billigen, während die Ordnungspartei in der Tat die übrigen ministeriellen Akte nicht tadeln kann, die sie selbst diktiert hatte.

Für das Mißtrauensvotum vom 18.Januar entschieden 415 gegen 286 Stimmen. Es wurde also nur durchgesetzt durch eine *Koalition* der entschiedenen Legitimisten und Orleanisten mit den reinen Republikanern und der Montagne. Es bewies also, daß die Partei der Ordnung nicht nur das Ministerium, nicht nur die Armee, sondern in Konflikten mit Bonaparte auch ihre selbständige parlamentarische Majorität verloren hatte, daß ein Trupp von Repräsentanten aus ihrem Lager desertiert war, aus Vermittlungsfanatismus, aus Furcht vor dem

Kampfe, aus Abspannung, aus Familienrücksicht für blutsverwandte Staatsgehalte, aus Spekulation, auf frei werdende Ministerposten (Odilon Barrot), aus dem platten Egoismus, womit der gewöhnliche Bourgeois stets geneigt ist, das Gesamtinteresse seiner Klasse diesem oder jenem Privatmotive zu opfern. Die bonapartistischen Repräsentanten gehörten von vorn herein der Ordnungspartei nur im Kampfe gegen die Revolution. Der Chef der katholischen Partei, Montalembert, warf seinen Einfluß schon damals in die Waagschale Bonapartes, da er an der Lebensfähigkeit der parlamentarischen Partei verzweifelte. Die Führer dieser Partei endlich, Thiers und Berryer, der Orleanist und der Legitimist, waren gezwungen, sich offen als Republikaner zu proklamieren, zu bekennen, daß ihr Herz königlich, aber ihr Kopf republikanisch gesinnt, daß die parlamentarische Republik die einzig mögliche Form für die Herrschaft der Gesamtbourgeoisie sei. Sie waren so gezwungen, die Restaurationspläne, die sie unverdrossen hinter dem Rücken des Parlaments weiter verfolgten, vor den Augen der Bourgeoisklasse selbst als eine ebenso gefahrvolle wie kopflose Intrige zu brandmarken.

Das Mißtrauensvotum vom 18.Januar traf die Minister und nicht den Präsidenten. Aber nicht das Ministerium, der Präsident hatte Changarnier abgesetzt. Sollte die Ordnungspartei Bonaparte selbst in Anklagezustand versetzen? Wegen seiner Restaurationsgelüste? Sie ergänzten nur ihre eignen. Wegen seiner Konspiration in den Militärrevuen und der Gesellschaft vom 10.Dezember? Sie hatten diese Themata längst unter der einfachen Tagesordnung begraben. Wegen der Absetzung des Helden vom 29.Januar und vom 13.Juni, des Mannes, der Mai 1850 im Falle einer Emeute Paris an allen vier Ecken in Brand zu stecken drohte? Ihre Alliierten von der Montagne und Cavaignac erlaubten ihnen nicht einmal, das gefallene Bollwerk der Gesellschaft durch eine offizielle Beileidsbezeugung aufzurichten. Sie selbst konnten dem Präsidenten die konstitutionelle Befugnis, einen General abzusetzen, nicht bestreiten. Sie tobten nur, weil er von seinem konstitutionellen Rechte einen unparlamentarischen Gebrauch machte. Hatten sie von ihrer parlamentarischen Prärogative nicht fortwährend einen unkonstitutionellen Gebrauch gemacht und namentlich bei der Abschaffung des allgemeinen Wahlrechts? Sie waren also darauf angewiesen, sich genau innerhalb der parlamentarischen Schranken zu bewegen. Und es gehört jene eigentümliche Krankheit dazu, die seit 1848 auf dem Kontinent grassiert hat, der *parlamentarische Kretinismus*, der die Angesteckten in eine eingebildete Welt festbannt und ihnen allen Sinn, alle Erinnerung, alles Verständnis für die rauhe Außenwelt raubt, dieser parlamentarische Kretinismus gehört dazu, wenn sie, die alle Bedingungen der parlamentarischen Macht mit eignen Händen zerstört hatten und in ihrem Kampfe mit den andern Klassen zerstören mußten, ihre parlamentarischen Siege noch für Siege hielten und den Präsidenten zu treffen glaubten, indem sie auf seine Minister schlugen. Sie gaben ihm nur Gelegenheit, die Nationalversammlung von neuem in den Augen der Nation zu demütigen. Am 20.Januar meldete der „Moniteur", daß die Entlassung des Gesamtministeriums angenommen sei. Unter dem Vorwande, daß keine parlamentarische Partei mehr die Majorität besitze, wie das Votum vom 18.Januar, diese Frucht der Koalition zwischen Montagne und Royalisten, beweise, und um die Neubildung einer Majorität abzuwarten, ernannte Bonaparte ein sogenanntes Übergangsministerium, wovon kein Mitglied dem Parlamente angehörte, lauter durchaus unbekannte und bedeutungslose Individuen, ein Ministerium von bloßen Kommis und Schreibern. Die Ordnungspartei konnte sich jetzt im Spiele mit diesen Marionetten abarbeiten, die Exekutivgewalt hielt es nicht mehr der Mühe wert, ernsthaft in der Nationalversammlung vertreten zu sein. Bonaparte konzentrierte um so sichtbarer die ganze Exekutivgewalt in seiner Person, er hatte um so freiern Spielraum, sie zu seinen Zwecken auszubeuten, je mehr seine Minister reine Statisten waren.

Die mit der Montagne koalisierte Ordnungspartei rächte sich, indem sie die präsidentielle Dotation von 1 800 00 frs. verwarf, zu deren Vorlage das Haupt der Gesellschaft vom 10.Dezember seine ministeriellen Kommis gezwungen hatte. Diesmal entschied eine Majorität von nur 102 Stimmen, es waren also seit dem 18.Januar neuerdings 27 Stimmen abgefallen, die

Auflösung der Ordnungspartei ging voran. Damit man sich keinen Augenblick über den Sinn ihrer Koalition mit der Montagne täusche, verschmähte sie gleichzeitig, einen von 189 Mitgliedern der Montagne unterzeichneten Antrag auf allgemeine Amnestie der politischen Verbrecher auch nur in Betracht zu ziehen. Es genügte, daß der Minister des Innern, ein gewisser Vaïsse, erklärte, die Ruhe sei nur scheinbar, im geheimen herrsche große Agitation, im geheimen organisierten sich allgegenwärtigen Gesellschaften, die demokratischen Blätter machten Anstalten, um wieder zu erscheinen, die Berichte aus den Departements lauteten ungünstig, die Flüchtlinge von Genf leiteten eine Verschwörung über Lyon durch ganz Südfrankreich, Frankreich stehe am Rande einer industriellen und kommerziellen Krise, die Fabrikanten von Roubaix hätten die Arbeitszeit vermindert, die Gefangenen von Belle-Île sich empört -, es genügte, daß selbst nur ein Vaïsse das rote Gespenst heraufbeschwor, damit die Partei der Ordnung ohne Diskussion einen Antrag verwarf, der der Nationalversammlung eine ungeheure Popularität erobern und Bonaparte in ihre Arme zurückwerfen mußte. Statt sich von der Exekutivgewalt durch die Perspektive neuer Unruhen einschüchtern zu lassen, hätte sie vielmehr dem Klassenkampf einen kleinen Spielraum gewähren müssen, um die Exekutive von sich abhängig zu machen. Aber sie fühlte sich nicht der Aufgabe gewachsen, mit dem Feuer zu spielen.

Unterdessen vegetierte das sogenannte Übergangsministerium bis Mitte April fort. Bonaparte ermüdete, foppte die Nationalversammlung mit beständig neuen Ministerkombinationen. Bald schien er ein republikanisches Ministerium bilden zu wollen mit Lamartine und Billault, bald ein parlamentarisches mit dem unvermeidlichen Odilon Barrot, dessen Name nie fehlen darf, wenn ein dupe notwendig ist, bald ein legitimistisches mit Vatimesnil und Benoist d'Azy, bald ein orleanistisches mit Maleville. Während er so die verschiedenen Fraktionen der Ordnungspartei in Spannung gegeneinander erhält und sie insgesamt mit der Aussicht auf ein republikanisches Ministerium und die dann unvermeidlich gewordene Herstellung des allgemeinen Wahlrechts ängstigtet, bringt er gleichzeitig bei der Bourgeoisie die

Überzeugung hervor, daß seine aufrichtigen Bemühungen um ein parlamentarisches Ministerium an der Unversöhnlichkeit der royalistischen Fraktionen scheitern. Die Bourgeoisie schrie aber um so lauter nach einer „starken Regierung“, sie fand es um so unverzeihlicher, Frankreich „ohne Administration“ zu lassen, je mehr eine allgemeine Handelskrise nun im Anmarsche schien und in den Städten für den Sozialismus warb, wie der ruinierend niedrige Preis des Getreides auf dem Lande. Der Handel wurde täglich flauer, die unbeschäftigten Hände vermehrten sich zusehends, in Paris waren wenigstens 10 000 Arbeiter brotlos, in Rouen, Mühlhausen, Lyon, Roubaix, Tourcoing, St-Etienne, Elbeuf usw. standen zahllose Fabriken still. Unter diesen Umständen konnte Bonaparte es wagen, am 11.April das Ministerium vom 18.Januar zu restaurieren. Die Herren Rouher, Fould, Baroche etc. verstärkt durch Herrn Léon Faucher, den die konstituierende Versammlung während ihrer letzten Tage einstimmig mit Ausnahme von fünf Ministerstimmen wegen Verbreitung falscher telegraphischer Depeschen mit einem Mißtrauensvotum gebrandmarkt hatte. Die Nationalversammlung hatte also am 18.Januar einen Sieg über das Ministerium davongetragen, sie hatte während drei Monaten mit Bonaparte gekämpft, damit am 11.April Fould und Baroche den Puritaner Faucher als dritten in ihren ministeriellen Bunde aufnehmen konnten.

November 1849 hatte sich Bonaparte mit einem *unparlamentarischen* Ministerium begnügt, Januar 1851 mit einem *außerparlamentarischen*, am 11.April fühlte er sich stark genug ein *antiparlamentarisches* Ministerium zu bilden, das die Mißtrauensvota beider Versammlungen, der Konstituante und der Legislative, der republikanischen und der royalistischen, harmonisch in sich vereinigte. Diese Stufenleiter von Ministerien war der Thermometer, woran das Parlament die Abnahme der eignen Lebenswärme messen konnte. Diese war Ende April so tief gesunken, daß Persigny den Changarnier in einer persönlichen Zusammenkunft auffordern konnte, in das Lager des Präsidenten überzugehn. Bonaparte, versicherte er ihm, betrachte den Einfluß der Nationalversammlung als vollständig vernichtet, und schon liege die Proklamation bereit, die nach dem beständig beabsichtigten, aber zufällig wieder aufgeschobenen coup d'état veröffentlicht werden solle. Changarnier teilte den Führern der Ordnungspartei die Todesanzeige mit, aber wer glaubt, daß der Biß von Wanzen tötet? Und das Parlament, so geschlagen, so aufgelöst, so sterbefaul es war, konnte sich nicht überwinden, in dem Duelle mit dem grotesken Chef der Gesellschaft vom 10.Dezember etwas andres zu sehen als das Duell mit einer Wanze. Aber Bonaparte antwortete der Partei der Ordnung wie Agesilaos dem Könige Agis: *"Ich scheine dir Ameise, aber ich werde einmal Löwe sein."*

Die Koalition mit der Montagne und den reinen Republikanern, wozu die Ordnungspartei in ihren vergeblichen Anstrengungen, den Besitz der Militärgewalt zu behaupten und die oberste Leitung der Exekutivgewalt wieder zu erobern, sich verurteilt sah, bewies unwidersprechlich, daß sie die selbständige *parlamentarische Majorität* eingebüßt hatte. Die bloße Macht des Kalenders, der Stundenzeiger gab am 28.Mai das Signal ihrer völligen Auflösung. Mit dem 28.Mai begann das letzte Lebensjahr der Nationalversammlung. Sie mußte sich nun entscheiden für die unveränderte Fortdauer oder für die Revision der Verfassung. Aber Revision der Verfassung, daß hieß nicht nur Herrschaft der Bourgeoisie oder der kleinbürgerlichen Demokratie, Demokratie oder proletarische Anarchie, parlamentarische Republik oder Bonaparte, das hieß zugleich Orléans oder Bourbon! So fiel mitten in das Parlament der Erisapfel, an dem sich der Widerstand der Interessen, welche die Ordnungspartei in feindliche Fraktionen sonderten, offen entzünden mußte. Die Ordnungspartei war eine Verbindung von heterogenen gesellschaftlichen Substanzen. Die Revisionsfrage erzeugte eine politische Temperatur, worin das Produkt wieder in seine ursprünglichen Bestandteile zerfiel.

Das Interesse der Bonapartisten an der Revision war einfach. Für sie handelte es sich vor allem um Abschaffung des Artikels 45, der Bonapartes Wiederwahl untersagte, und die Prorogation seiner Gewalt. Nicht minder einfach schien die Stellung der Republikaner. Sie verwarfen unbedingt jede Revision, sie sahen in ihr eine allseitige Verschwörung gegen die

Republik. Da sie über *mehr als ein Viertel der Stimmen* in der Nationalversammlung verfügten und verfassungsmäßig drei Viertel der Stimmen zum rechtsgültigen Beschlusse der Revision und zur Einberufung einer revidierenden Versammlung erfordert waren, brauchten sie nur ihre Stimmen zu zählen, um des Sieges sicher zu sein. Und sie waren des Sieges sicher.

Diesen klaren Stellungen gegenüber befand sich die Partei der Ordnung in unentwirrbaren Widersprüchen. Verwarf sie die Revision, so gefährdete sie den Status quo, indem sie Bonaparte nur noch einen Ausweg übrigließ, den der Gewalt, indem sie Frankreich am zweiten [Sonntag des Monats] Mai 1852, im Augenblicke der Entscheidung, der revolutionären Anarchie preisgab, mit einem Präsidenten, der seine Autorität verlor, mit einem Parlamente, das sie längst nicht mehr besaß, und mit einem Volke, das sie wieder zu erobern dachte. Stimmte sie für die verfassungsmäßige Revision, so wußte sie, daß sie umsonst stimmte und am Veto der Republikaner verfassungsmäßig scheitern müsse. Erklärte sie verfassungswidrig die einfache Stimmenmajorität für bindend, so konnte sie die Revolution nur zu beherrschen hoffen, wenn sie sich unbedingt der Botmäßigkeit der Exekutivgewalt unterwarf, so machte sie Bonaparte zum Meister über die Verfassung, über die Revision und über sich selbst. Eine nur teilweise Revision, welche die Gewalt des Präsidenten verlängerte, bahnte der imperialistischen Usurpation den Weg. Eine allgemeine Revision, welche die Existenz der Republik abkürzte, brachte die dynastischen Ansprüche in unvermeidlichen Konflikt, denn die Bedingungen für eine bourbonische und die Bedingungen für eine orleanistische Restauration waren nicht nur verschieden, sie schlossen sich wechselseitig aus.

Die parlamentarische Republik war mehr als das neutrale Gebiet, worin die zwei Fraktionen der französischen Bourgeoisie, Legitimisten und Orleanisten, großes Grundeigentum und Industrie, gleichberechtigt nebeneinander hausen konnten. Sie war die unumgängliche Bedingung ihrer *gemeinsamen* Herrschaft, die einzige Staatsform, worin ihr allgemeines Klasseninteresse sich zugleich die Ansprüche ihrer besonderen Fraktionen wie alle übrigen Klassen der Gesellschaft unterwarf. Als Royalisten fielen sie in ihren alten Gegensatz zurück, in den Kampf um die Suprematie des Grundeigentums oder des Geldes, und der höchste Ausdruck dieses Gegensatzes, die Personifikation desselben, waren die Könige selbst, ihre Dynastien. Daher das Sträuben der Ordnungspartei gegen *die Rückberufung der Bourbonen*.

Der Orleanist und Volksrepräsentant Creton hatte 1849, 1850 und 1851 periodisch den Antrag gestellt, das Verbannungsdekret gegen die königlichen Familien aufzuheben. Das Parlament bot ebenso periodisch das Schauspiel einer Versammlung von Royalisten, welche ihren verbannten Königen hartnäckig die Tore verschließt, durch die sie heimkehren könnten. Richard III. hatte Heinrich VI. ermordet mit dem Bemerken, daß er zu gut für diese Welt sei und in den Himmel gehöre. Sie erklärten Frankreich für zu schlecht, seine Könige wieder zu besitzen. Durch die Macht der Verhältnisse gezwungen, waren sie Republikaner geworden und sanktionierten wiederholt den Volksbeschluß, der ihre Könige aus Frankreich verwies.

Die Revision der Verfassung - und sie in Betracht zu ziehen, zwangen die Umstände - stellte mit der Republik zugleich die gemeinsame Herrschaft der beiden Bourgeoisfraktionen in Frage und rief, mit der Möglichkeit der Monarchie, die Rivalität der Interessen, die sie abwechselnd vorzugsweise vertreten hatte, ins Leben zurück, den Kampf um die Suprematie der einen Fraktion über die andre. Die Diplomaten der Ordnungspartei glaubten den Kampf schlichten zu können durch eine Verschmelzung beider Dynastien, durch eine sogenannte *Fusion* der royalistischen Parteien und ihrer Königshäuser. Die wirkliche Fusion der Restauration und der Julimonarchie war die parlamentarische Republik, worin orleanistische und legitimistische Farben ausgelöscht wurden und die Bourgeois-Arten in dem Bourgeois schlechtweg, in der Bourgeois-Gattung verschwanden. Jetzt aber sollte der Orleanist Legitimist, der Legitimist Orleanist werden. Das Königtum, worin sich ihr Gegensatz personifizierte, sollte ihre Einheit verkörpern, der Ausdruck ihrer ausschließlichen Fraktionsinteressen zum Ausdruck ihres gemeinsamen

Klasseninteresses werden, die Monarchie das leisten, was nur die Aufhebung zweier Monarchien, die Republik, leisten konnte und geleistet hatte. Es war dies der Stein der Weisen, an dessen Herstellung sich die Doktoren der Ordnungspartei die Köpfe zerbrachen. Als könnte die legitime Monarchie jemals die Monarchie der industriellen Bourgeois oder das Bürgerkönigtum jemals das Königtum der angestammten Grundaristokratie werden. Als könnten Grundeigentum und Industrie sich unter *einer* Krone verbrüdern, wo die Krone nur auf ein Haupt fallen konnte, auf das Haupt des älteren Bruders oder des jüngeren. Als könnte die Industrie sich überhaupt mit dem Grundeigentum ausgleichen, solange das Grundeigentum sich nicht entschließt, selbst industriell zu werden. Wenn Henri V morgen stürbe, der Graf von Paris würde darum nicht der König der Legitimisten, es sei denn, daß er aufhörte, der König der Orleanisten zu sein. Die Philosophen der Fusion jedoch, die sich in dem Maße breitmachten, als die Revisionsfrage in den Vordergrund trat, die sich in der „Assemblée nationale" ein offizielles Tagesorgan geschaffen hatten, die sogar in diesem Augenblicke (Februar 1852) wieder am Werke sind, erklärten sich die ganze Schwierigkeit aus dem Widerstreben und der Rivalität der beiden Dynastien. Die Versuche, die Familie Orléans mit Heinrich V. zu versöhnen, die seit dem Tode Louis-Philippes begonnen, aber wie die dynastischen Intrigen überhaupt nur während der Ferien der Nationalversammlung, in den Zwischenakten, hinter den Kulissen gespielt, mehr sentimentale Koketterie mit dem alten Aberglauben als ernstgemeintes Geschäft, wurden nun zu Haupt- und Staatsaktionen und von der Ordnungspartei auf der öffentlichen Bühne aufgeführt, statt wie bisher auf dem Liebhabertheater. Die Kuriere flogen von Paris nach Venedig, von Venedig nach Claremont, von Claremont nach Paris. Der Graf von Chambord erläßt ein Manifest, worin er „mit Hülfe aller Glieder seiner Familie" nicht seine, sondern die „nationale" Restauration anzeigt. Der Orleanist Salvandy wirft sich Heinrich V. zu Füßen. Die Legitimistenchefs Berryer, Benoist d'Azy, St-Priest wandern nach Claremont, um die Orléans zu überreden, aber vergeblich. Die Fusionisten gewahren zu spät, daß die Interessen der beiden Bourgeoisfraktionen weder an Ausschließlichkeit verlieren noch an

Nachgiebigkeit gewinnen, wo sie in der Form von Familieninteressen, von Interessen zweier Königshäuser sich zuspitzen. Wenn Heinrich V. den Grafen von Paris als Nachfolger anerkannte - der einzige Erfolg, den die Fusion im besten Fall erzielen konnte -, so gewann das Haus Orléans keinen Anspruch, den ihm die Kinderlosigkeit Heinrichs V. nicht schon gesichert hätte, aber es verlor alle Ansprüche, die es durch die Julirevolution erobert hatte. Es verzichtete auf seine Originalansprüche, auf alle Titel, die es in einem beinah hundertjährigen Kampfe dem älteren Zweige der Bourbonen abgerungen, es tauschte seine historische Prärogative, die Prärogative des modernen Königtums, gegen die Prärogative seines Stammbaums aus. Die Fusion war also nichts als eine freiwillige Abdankung des Hauses Orléans, die legitimistische Resignation desselben, der reuige Rücktritt aus der protestantischen Staatskirche in die katholische. Ein Rücktritt, der es dazu nicht einmal auf den Thron, den es verloren hatte, sondern auf die Stufe des Throns brachte, auf der es geboren war. Die alten orleanistischen Minister Guizot, Duchâtel etc., die ebenfalls nach Claremont eilten, um die Fusion zu bevorworten, vertraten in der Tat nur den Katzenjammer über die Julirevolution, die Verzweiflung am Bürgerkönigtum und am Königtum der Bürger, den Aberglauben an die Legitimität als das letzte Amulett gegen die Anarchie. In ihrer Einbildung Vermittler zwischen Orléans und Bourbon, waren sie in der Wirklichkeit nur noch abgefallene Orleanisten, und als solche empfing sie der Prinz von Joinville. Der lebensfähige, kriegerische Teil der Orleanisten dagegen, Thiers, Baze usw., überzeugten die Familie Louis-Philippes um so leichter, daß, wenn jede unmittelbar monarchistische Restauration die Fusion der beiden Dynastien, jede solche Fusion aber die Abdankung des Hauses Orléans voraussetzte, es dagegen ganz der Tradition ihrer Vorfahren entspreche, vorläufig die Republik anzuerkennen und abzuwarten, bis die Ereignisse erlaubten, den Präsidentenstuhl in einen Thron zu verwandeln. Joinvilles Kandidatur wurde gerüchtsweise ausgesprengt, die öffentliche Neugier in der Schwebe erhalten, und einige Monate später, nach Verwerfung der Revision, im September öffentlich proklamiert.

der Versuch einer royalistischen Fusion zwischen Orleanisten und Legitimisten war so nicht nur gescheitert, er hatte ihre *parlamentarische Fusion*, ihre republikanische Gemeinform gebrochen und die Ordnungspartei wieder in ihre ursprünglichen Bestandteile zersetzt; aber je mehr die Entfremdung zwischen Claremont und Venedig wuchs, ihre Ausgleichung sich zerschlug, die Joinville-Agitation um sich griff, desto eifriger, ernster wurden die Verhandlungen zwischen Faucher, dem Minister Bonapartes, und den Legitimisten.

Die Auflösung der Ordnungspartei blieb nicht bei ihren ursprünglichen Elementen stehen. Jede der beiden großen Fraktionen zersetzte sich ihrerseits von neuem. Es war, als wenn alle die alten Nuancen, die sich früher innerhalb jedes der beiden Kreise, sei es des legitimen, sei es des orleanistischen, bekämpft und gedrängt hatten, wieder aufgetaut wären, wie vertrocknete Infusorien bei Berührung mit Wasser, als wenn sie von neuem Lebenskraft genug gewonnen hätten, um eigne Gruppen und selbständige Gegensätze zu bilden. Die Legitimisten träumten sich zurück in die Streitfragen zwischen den Tuilerien und dem Pavillion Marsan, zwischen Villèle und Poligniac. Die Orleanisten durchlebten von neuem die goldene Zeit der Turniere zwischen Guizot, Molé, Broglie, Thiers und Odilon Barrot.

Der revisionslustige, aber über die Grenzen der Revision wieder uneinige Teil der Ordnungspartei, zusammengesetzt aus den Legitimisten unter Berryer und Falloux einerseits, unter La Rochejaquelein andererseits, und den kampfmüden Orleanisten unter Molé, Broglie, Montalambert und Odilon Barrot, vereinbarte sich mit den bonapartistischen Repräsentanten zu folgendem unbestimmten und weitgefaßten Antrage:

„Die unterzeichneten Repräsentanten, mit dem Zwecke, der Nation die volle Ausübung ihrer Souveränität wiederzugeben, stellen die Motion, daß die Verfassung revidiert werde.“

Gleichzeitig aber erklärten sie einstimmig durch ihren Berichterstatter Toqueville, die Nationalversammlung habe nicht das Recht, die *Abschaffung der Republik* zu beantragen, dies Recht stehe nur der Revisionskammer zu. Übrigens könne die Verfassung nur auf *“legale“ Weise* revidiert werden, also nur, wenn das verfassungsmäßig vorgeschriebene Dreiviertel der Stimmenzahl für Revision entscheide. Nach sechtägigen stürmischen Debatten, am 19.Juli, wurde die Revision, wie vorherzusehen, verworfen. Es stimmten 446 dafür, aber 278 dagegen. Die entschiedenen Orleanisten Thiers, Changarnier etc. stimmten mit den Republikanern und der Montagne.

Die Majorität des Parlaments erklärte sich so gegen die Verfassung, aber diese Verfassung selbst erklärte sich für die Minorität und ihren Beschluß für bindend. Hatte aber die Ordnungspartei nicht am 31.Mai 1850, nicht am 13.Juni 1849 die Verfassung der parlamentarischen Majorität untergeordnet? Beruhte ihre ganze bisherige Politik nicht auf der Unterordnung der Verfassungsparagraphen unter die parlamentarischen Majoritätsbeschlüsse? Hatte sie den alttestamentarischen Aberglauben an den Buchstaben des Gesetzes nicht den Demokraten überlassen und an den Demokraten gezüchtigt? In diesem Augenblicke aber hieß Revision der Verfassung nichts andres als Fortdauer der präsidentiellen Gewalt, wie Fortdauer der Verfassung nicht andres hieß als Absetzung Bonapartes. Das Parlament hatte sich für ihn erklärt, aber die Verfassung erklärte sich gegen das Parlament. Er handelte also im Sinne des Parlaments, wenn er die Verfassung zerriß, und er handelte im Sinne der Verfassung, wenn er das Parlament auseinanderjagte.

Das Parlament hatte die Verfassung und mit ihr seine eigene Herrschaft „außerhalb der Majorität“ erklärt, es hatte durch seinen Beschluß die Verfassung aufgehoben und die präsidentielle Gewalt verlängert und zugleich erklärt, daß weder die eine sterben, noch die andre leben könne, solange es selbst fortbestehe. Die Füße derer, die es begraben sollten, standen vor der Türe. Während es die Revision debattierte, entfernte Bonaparte den General Baraguay d'Hilliers, der sich unschlüssig zeigte, von dem Kommando der ersten Militärdivison und ernannte an seiner Stelle den General Magnan, den Sieger von Lyon, den Helden der Dezembertage, eine seiner Kreaturen, die sich schon unter Louis-Philippe bei Gelegenheit der Expedition von Boulogne mehr oder minder für ihn kompromittiert hatte.

Die Ordnungspartei bewies durch ihren Beschluß über die Revision, daß sie weder zu herrschen noch zu dienen, weder zu leben noch zu sterben, weder die Republik zu ertragen noch sie umzustürzen, weder die Verfassung aufrechtzuerhalten noch sie über den Haufen zu werfen, weder mit dem Präsidenten zusammenzuwirken noch mit ihm zu brechen verstand. Von wem erwartete sie denn die Lösung aller Widersprüche? Von dem Kalender, von dem gang der Ereignisse. Sie hörte auf, sich die Gewalt über die Ereignisse anzumaßen. Sie forderte also die Ereignisse heraus, ihr Gewalt anzutun, und damit die Macht, woran sie im Kampfe mit dem Volke ein Attribut nach dem andern abgetreten hatte, bis sie selbst ihr gewaltlos gegenüberstand. Damit der Chef der Exekutivgewalt desto ungestörter den Kampfplan gegen sie entwerfen, seine Arbeitsmittel verstärken, seine Werkzeuge auswählen, seine Positionen befestigen könne, beschloß sie mitten in diesem kritischen Augenblicke von der Bühne abzutreten und sich auf drei Monate zu vertagen, vom 10.August bis 4.November.

Die parlamentarische Partei war nicht nur in ihre zwei großen Fraktionen, jede dieser Fraktionen war nicht nur innerhalb ihrer selbst aufgelöst, sondern die Ordnungspartei im Parlamente war mit der Ordnungspartei *außerhalb* des Parlaments zerfallen. Die Wortführer und die Schriftgelehrten der Bourgeoisie, ihre Tribüne und ihre Presse, kurz die Ideologen der Bourgeoisie und die Bourgeoisie selbst, die Repräsentanten und die Repräsentierten, standen sich entfremdet gegenüber und verstanden sich nicht mehr.

Die Legitimisten in den Provinzen, mit ihrem beschränkten Horizont und ihrem unbeschränkten Enthusiasmus, bezüchtigten ihre parlamentarischen Führer, Berryer und Falloux, der Desertion ins bonapartistische Lager und des Abfalls von Heinrich V. Ihr Lilienverstand glaubte an den Sündenfall, aber nicht an die Diplomatie.

Ungleich verhängnisvoller und entscheidender war der Bruch der kommerziellen Bourgeoisie mit ihren Politikern. Sie warf ihnen vor, nicht wie die Legitimisten den ihren, von dem Prinzip abgefallen zu sein, sondern umgekehrt, an unnütz gewordenen Prinzipien festzuhalten.

Ich habe schon früher angedeutet, daß seit dem Eintritt Foulds ins Ministerium der Teil der kommerziellen Bourgeoisie, der den Löwenanteil an Louis-Philippes Herrschaft besessen hatte, daß die *Finanzaristokratie* bonapartistisch geworden war. Fould vertrat nicht nur Bonapartes Interesse an der Börse, er vertrat zugleich das Interesse der Börse bei Bonaparte. Die Stellung der Finanzaristokratie schildert am schlagendsten ein Zitat aus ihrem europäischen Organ, dem Londoner *"Economist"*. In seiner Nummer vom 1.Februar 1851 läßt er aus Paris schreiben:

„Nun haben wir es konstatiert von allen Seiten her, daß Frankreich vor allem nach Ruhe verlangt. Der Präsident erklärt es in seiner Botschaft an die legislative Versammlung, es tönt als Echo zurück von der nationalen Rednertribüne, es wird beteuert von den Zeitungen, es wird verkündet von der Kanzel, *es wird bewiesen durch die Empfindlichkeit der Staatspapiere bei der geringsten Aussicht auf Störung, durch ihre Festigkeit, sooft die Exekutivgewalt siegt*".

In seiner Nummer vom 29.November erklärt der *"Economist"* in seinem eignen Namen:

„Auf allen Börsen Europas ist der Präsident nun als die Schildwache der Ordnung anerkannt."

Die Finanzaristokratie verdammte also den parlamentarischen Kampf der Ordnungspartei mit der Exekutivgewalt als eine *Störung der Ordnung* und feierte jeden Sieg des Präsidenten über ihre angeblichen Repräsentanten als einen *Sieg der Ordnung*. Man muß hier unter der Finanzaristokratie nicht nur die großen Anleihunternehmer und Spekulanten in Staatspapieren verstehn, von denen es sich sofort begreift, daß ihr Interesse mit dem Interesse der Staatsgewalt zusammenfällt. Das ganze moderne Geldgeschäft, die ganze Bankwirtschaft ist auf das innigste mit dem öffentlichen Kredit verwebt. Ein Teil ihres Geschäftskapitals wird notwendig in schnell konvertiblen Staatspapieren angelegt und verzinst. Ihre Depositen, das unter ihnen zur Verfügung gestellte und von ihnen unter Kaufleute und Industrielle verteilte Kapital strömt teilweis aus den Dividenden der Staatsrentner her. Der ganze Geldmarkt und die Priester dieses Geldmarkts, wenn zu jeder Epoche die Stabilität der Staatsgewalt Moses und die Propheten für sie bedeutet hat, wie nicht erst heute, wo jede Sündflut mit den alten Staaten die alten Staatsschulden wegzuschwemmen droht?

Auch die *industrielle Bourgeoisie* ärgerte sich in ihrem Ordnungsfanatismus über die Zänkereien der parlamentarischen Ordnungspartei mit der Exekutivgewalt. Thiers, Anglès, Sainte-Beuve usw. erhielten nach ihrem Votum vom 18.Januar, bei Gelegenheit der Absetzung Changarniers, von ihren Mandatgebern gerade aus den industriellen Bezirken öffentliche Zurechtweisungen, worin namentlich ihre Koalition mit der Montagne als Hochverrat an der Ordnung gegeißelt wurde. Wenn wir gesehen haben, daß die prahlerischen Neckereien, die kleinlichen Intrigen, worin sich der Kampf der Ordnungspartei mit dem Präsidenten kundgab, keine bessere Aufnahme verdienten, so war andererseits diese Bourgoeispartei, die von ihren Vertretern verlangt, die Militärgewalt aus den Händen ihres eignen Parlaments widerstandslos in die eines abenteuernden Prätendenten übergehn zu lassen, nicht einmal der Intrigen wert, die in ihrem Interesse verschwendet wurden. Sie bewies, daß der Kampf um die Behauptung ihres *öffentlichen* Interesses, ihres eignen *Klasseninteresses*, ihrer *politischen Macht*, sie als Störung des Privatgeschäfts nur belästige und verstimme.

Die bürgerlichen Honoratioren der Departemantalstädte, die Magistrate, Handelsrichter usw. empfingen mit kaum einer Ausnahme Bonaparte überall auf seinen Rundreisen in der servilsten Weise, selbst wenn er wie in Dijon die Nationalversammlung und speziell die Ordnungspartei rückhaltlos angriff.

Wenn der Handel gut ging, wie noch Anfang 1851, tobte die kommerzielle Bourgeoisie gegen jeden parlamentarischen Kampf, damit dem Handel ja nicht der Humor ausgehe. Wenn der Handel schlecht ging, wie fortdauernd seit Ende Februar 1851, klagte sie die parlamentarischen Kämpfe als Ursache der Stockung an und schrie nach ihrem Verstummen, damit der Handel wieder laut werde. Die Revisionsdebatten fielen gerade in diese schlechte Zeit. Da es sich hier um Sein oder Nichtsein der bestehenden Staatsform handelte, fühlte sich die Bourgeoisie um so berechtigter, von ihren Repräsentanten das Ende dieses folternden Provisoriums und zugleich die Erhaltung des Status quo zu verlangen. Es war dies kein Widerspruch. Unter dem Ende des Provisoriums verstand sie gerade seine Fortdauer, das Hinausschieben des Augenblicks, wo es zu einer Entscheidung kommen mußte, in eine blaue Ferne. Der Status quo konnte nur auf zwei Wegen erhalten werden. Verlängerung der Gewalt Bonapartes oder verfassungsmäßiger Abtritt desselben und Wahl Cavaignacs. Ein Teil der Bourgeoisie wünschte die letztere Lösung und wußte seinen Repräsentanten keinen bessern Rat zu geben, als zu schweigen, den brennenden Punkt unberührt zu lassen. Wenn ihre Repräsentanten nicht sprächen, meinten sie, werde Bonaparte nicht handeln. Sie wünschten sich ein Straußenparlament, da seinen Kopf verstecke, um ungesehn zu bleiben. Ein andrer Teil der Bourgeoisie wünschte Bonaparte, weil er einmal auf dem Präsidentenstuhl saß, auf dem Präsidentenstuhl sitzenzulassen, damit alles im alten Gleise bleibe. Es empörte sie, daß ihr Parlament nicht offen die Konstitution brach und ohne Umstände abdankte.

Die Generalräte der Departements, diese Provinzialvertretungen der großen Bourgeoisie, die während der Ferien der Nationalversammlung vom 25.August an tagten, erklärten sich fast einstimmig für die Revision, also gegen das Parlament und für Bonaparte.

Noch unzweideutiger als den Zerfall mit ihren *parlamentarischen Repräsentanten* legte die Bourgeoisie ihre Wut über ihre literarischen Vertreter, über ihre eigne Presse an den Tag. Die Verurteilungen zu unerschwinglichen Geldsummen und zu schamlosen Gefängnisstrafen durch die Bourgeois-Jurys für jeden Angriff der Bourgeois-Journalisten auf die Usurpationsgelüste Bonapartes, für jeden Versuch der Presse, die politischen Rechte der Bourgeoisie gegen die Exekutivgewalt zu verteidigen, setzten nicht nur Frankreich, sondern ganz Europa in Erstaunen.

Wenn die *parlamentarische Ordnungspartei,* wie ich gezeigt habe, durch ihr Schreien nach Ruhe sich selbst zur Ruhe verwies, wenn sie die politische Herrschaft der Bourgeoisie für unverträglich mit der Sicherheit und dem Bestand der Bourgeoisie erklärte, indem sie im Kampfe gegen die andern Klassen der Gesellschaft alle Bedingungen ihres eignen Regimes, des parlamentarischen Regimes, mit eigner Hand vernichtete, so forderte dagegen die *außerparlamentarischen Masse der Bourgeoisie* durch ihre Servilität gegen den Präsidenten, durch ihre Schmähungen gegen das Parlament, durch die brutale Mißhandlung der eignen Presse Bonaparte auf, ihren sprechenden und schreibenden Teil, ihre Politiker und ihre Literaten, ihre Rednertribüne und ihre Presse zu unterdrücken, zu vernichten, damit sie nun vertrauensvoll unter dem Schutze einer starken und uneingeschränkten Regierung ihren Privatgeschäften nachgehen könne. Sie erklärte unzweideutig, daß sie ihre eigne politische Herrschaft loszuwerden schmachte, um die Mühen und Gefahren der Herrschaft loszuwerden.

Und sie, die sich schon gegen den bloß parlamentarischen und literarischen Kampf für die Herrschaft der eignen Klasse empört und die Führer dieses Kampfes verraten hatte, sie wagt jetzt nachträglich das Proletariat anzuklagen, daß es nicht zum blutigen Kampfe, zum Kampfe auf Leben und Tod für sie aufgestanden sei! Sie, die jeden Augenblick ihr allgemeines Klasseninteresse, d.h. ihr politisches Interesse dem borniertesten, schmutzigsten Privatinteresse aufopferte und an ihre Vertreter die Zumutung eines ähnlichen Opfers stellte, sie jammert jetzt, das Proletariat habe seine materiellen Interessen ihre idealen politischen Interessen geopfert. Sie gebart sich als schöne Seele, die von dem durch Sozialisten irregeleiteten Proletariat verkannt und im entscheidenden Augenblicke verlassen worden sei. Und sie findet ein allgemeines Echo in der bürgerlichen Welt. Ich spreche natürlich hier nicht von deutschen Winkelpolitikern und Gesinnungslümmeln. Ich verweise z.B. auf denselben *"Economist"*, der noch am 29.November 1851, also vier Tage vor dem Staatsstreich, Bonaparte für die „Schildwache der Ordnung", die Thiers und Berryer aber für „Anarchisten" erklärt hatte und schon am 27.Dezember 1851, nachdem Bonaparte jene Anarchisten zur Ruhe gebracht hat, über den Verrat schreit, den „ignorante, unerzogne, stupide Proletariermassen an dem Geschick, der Kenntnis, der Disziplin, dem geistigen Einfluß, den intellektuellen Hülfsquellen und dem moralischen Gewicht der mittleren und höheren Gesellschaftsränge" verübt hätten. Die stupide, ignorante und gemeine Masse war niemand anders als die Bourgeoisie selbst.

Frankreich hatte allerdings im Jahre 1851 eine Art von kleiner Handelskrisis erlebt. Ende Februar zeigte sich Verminderung des Exports gegen 1850, im März litt der Handel und schlossen sich die Fabriken, im April schien der Stand der industriellen Departements so verzweifelt wie nach den Februartagen, im Mai war das Geschäft noch nicht wieder aufgelebt, noch am 28.Juni zeigte das Portefeuille der Bank von Frankreich durch ein ungeheures Wachsen der Depositen und eine ebenso große Abnahme der Vorschüsse auf Wechsel den Stillstand der Produktion, und erst Mitte Oktober trat wieder eine progressive Besserung des Geschäfts ein. Die französische Bourgeoisie erklärte sich diese Handelsstockung aus rein politischen Gründen, aus dem Kampfe zwischen dem Parlamente und der Exekutivgewalt, aus der Unsicherheit einer nur provisorischen Staatsform, aus der Schreckensaussicht auf den zweiten [Sonntag des Monats] Mai 1852. Ich will nicht leugnen, daß alle diese Umstände einige Industriezweige in Paris und in den Departements herabdrückten. Jedenfalls war aber diese Einwirkung der politischen Verhältnisse nur lokal und unerheblich. Bedarf es eines andern Beweises, als daß die Besserung des Handels gerade in dem Augenblicke eintrat, wo sich der politische Zustand verschlechterte, der politische Horizont verdunkelte und jeden Augenblick ein Blitzstrahl aus dem Elysium erwartet wurde, gegen Mitte Oktober? Der französische Bourgeois, dessen „Geschick, Kenntnis, geistige Einsicht und intellektuelle Hülfsquellen" nicht weiter reichten als seine Nase, konnte übrigens während der ganzen

Dauer der Industrieausstellung in London mit der Nase auf die Ursache seiner Handelsmisere stoßen. Während in Frankreich die Fabriken geschlossen wurden, brachen in England kommerzielle Bankerutte aus. Während der industrielle Panik im April und Mai einen Höhepunkt in Frankreich erreichte, erreichte der kommerzielle Panik April und Mai einen Höhepunkt in England. Wie die französische litt die englische Wollindustrie, wie die französische die englische Seidenmanufaktur. Wenn die englischen Baumwollfabriken weiterarbeiteten, geschah es nicht mehr mit demselben Profit wie 1849 und 1850. Der Unterschied war nur der, daß die Krise in Frankreich industriell, in England kommerziell, daß während in Frankreich die Fabriken stillsetzten, sie sich in England ausdehnten, aber unter ungünstigeren Bedingungen als in den vorhergehenden Jahren, daß in Frankreich der Export, in England der Import die Hauptschläge erhielt. Die gemeinsame Ursache, die natürlich nicht innerhalb der Grenzen des französisch-politischen Horizonts zu suchen ist, war augenscheinlich. 1849 und 1850 waren Jahre der größten materiellen Prosperität und einer Überproduktion, die erst 1851 als solche hervortrat. Sie wurde im Anfang dieses Jahres durch die Aussicht auf die Industrieausstellung noch besonders befördert. Als eigentümliche Umstände kamen hinzu: erst der Mißwachs der Baumwollernte von 1850 und 1851, dann die Sicherheit einer größern Baumwollernte als erwartet war, erst das Steigen, dann das plötzliche Fallen, kurz die Schwankungen der Baumwollpreise. Die Rohseidenernte war wenigstens in Frankreich noch unter dem Durchschnittsertrag ausgefallen. Die Wollmanufaktur endlich hatte sich seit 1848 so sehr ausgedehnt, daß die Wollproduktion ihr nicht nachfolgen konnte und der Preis der Rohwolle in einem großen Mißverhältnisse zu dem Preise der Wollfabrikate stieg. Hier haben wir also in dem Rohmaterial von drei Weltmarktsindustrien schon dreifaches Material zu einer Handelsstockung. Von diesen besondern Umständen abgesehn, war die scheinbare Krise des Jahres 1851 nichts anders als ein Halt, den Überproduktion und Überspekulation jedesmal in der Beschreibung des industriellen Kreislaufes macht, bevor sie alle ihre Kraftmittel zusammenrafft, um fieberhaft den letzten Kreisabschnitt zu durchjagen und bei ihrem Ausgangspunkt, der *allgemeinen Handelskrise*, wieder anzulangen. In solchen Intervallen der Handelsgeschichte brechen in England kommerzielle Bankerutte aus, während in Frankreich die Industrie selbst stillgesetzt wird, teils durch die gerade dann unerträglich werdende Konkurrenz der Engländer auf allen Märkten zum Rückzug gezwungen, teils als Luxusindustrie vorzugsweise von jeder Geschäftsstockung angegriffen. So macht Frankreich außer den allgemeinen Krisen seine eignen nationalen Handelskrisen durch, die jedoch weit mehr durch den allgemeinen Stand des Weltmarktes als durch französische Lokaleinflüsse bestimmt und bedingt werden. Es wird nicht ohne Interesse sein, dem Vorurteil des französischen Bourgeois das Urteil des englischen Bourgeois gegenüberzustellen. Eins der größten Liverpooler Häuser schreibt in seinem Jahreshandelsbericht für 1851:

„Wenige Jahre haben die bei ihrem Beginn gehegten Antizipationen mehr getäuscht als das eben abgelaufene; statt der großen Prosperität, der man einstimmig entgegensah, bewies es sich als eins der entmutigendsten Jahre seit einem Vierteljahrhundert. Es gilt dies natürlich nur von den merkantilen, nicht von den industriellen Klassen. Und doch waren sicherlich Gründe vorhanden, beim Beginne des Jahres auf das Gegenteil zu schließen; die Produktenvorräte waren spärlich, Kapital überflüssig, Nahrungsmittel wohlfeil, ein reicher Herbst war gesichert; ungebrochner Friede auf dem Kontinent und keine politischen oder finanziellen Störungen zu Hause: in der Tat, die Flügel des Handels waren nie fesselloser ... Wem dies ungünstige Resultat zuschreiben? Wir glauben dem *Überhandel* sowohl in Importen als Exporten. Wenn unsere Kaufleute nicht selbst ihre Tätigkeit engere Grenzen ziehen, kann uns nichts im Gleise halten als alle drei Jahr ein Panic.“

Man stelle sich nun den französischen Bourgeois vor, wie mitten in diesem Geschäftspanik sein handelskrankes Gehirn gefoltert, umschwirrt, betäubt wird von Gerüchten über Staatsstreiche und Herstellung des allgemeinen Wahlrechts, von dem Kampfe zwischen Parlament und Exekutivgewalt, von dem Frondekrieg der Orleanisten und Legitimisten, von kommunistischen Konspirationen in Südfrankreich, von angeblichen Jacquerien in den Nièvre- und Cher-Departements, von den Reklamen der verschiedenen Präsidentschaftskandidaten, von den marktschreierischen Losungen der Journale, von den Drohungen der Republikaner, mit den Waffen in der Hand die Konstitution und das allgemeine Stimmrecht behaupten zu wollen, von den Evangelien der emigrierten Helden in partibus, die den Weltuntergang für den zweiten [Sonntag des Monats] Mai 1852 anzeigten, und man begreift, daß der Bourgeois in dieser unsäglichen, geräuschvollen Konfusion von Fusion, Revision, Prorogation, Konstitution, Konspiration, Koalition, Emigration, Usurpation und Revolution seiner parlamentarischen Republik toll zuschnaubt: *"Lieber ein Ende mit Schrecken als ein Schrecken ohn' Ende!"*

Bonaparte verstand diesen Schrei. Sein Begriffsvermögen wurde geschärft durch den wachsenden Ungestüm von Gläubigern, die mit jedem Sonnenuntergang, der den Verfallstag, den zweiten [Sonntag des Monats] Mai 1852 näherrückte, einen Protest der Gestirnbewegungen gegen ihre irdischen Wechsel erblickten. Sie waren zu wahren Astrologen geworden. Die Nationalversammlung hatte Bonaparte die Hoffnung auf konstitutionelle Prorogation seiner Gewalt abgeschnitten, die Kandidatur des Prinzen von Joinville gestatte kein längeres Schweigen.

Wenn je ein Ereignis lange vor seinem Eintritt seinen Schatten vor sich hergeworfen hat, so war es Bonapartes Staatsstreich. Schon am 29.Januar 1849, kaum einen Monat nach seiner Wahl, hatte er den Vorschlag dazu dem Changarnier gemacht. Sein eigner Premierminister Odilon Barrot hatte im Sommer 1849 verhüllt, Thiers im Winter 1850 offen die Politik der Staatsstreiche denunziert. Persigny hatte im Mai 1851 Changarnier noch einmal für den Coup zu gewinnen gesucht, der „Messager de l'Assemblée" hatte diese Unterhandlung veröffentlicht. Die bonapartistischen Journale drohten bei jedem parlamentarischen Sturme mit einem Staatsstreich, und je näher die Krise rückte, desto lauter wurde der Ton. In den Orgien, die Bonaparte jede Nacht mit männlichem und weiblichem swell mob feierte, sooft die Mitternachtsstunde heranrückte und reichliche Libationen die Zunge gelöst und die Phantasie erhitzt hatten, wurde der Staatsstreich für den folgenden Morgen beschlossen. Die Schwerter wurden gezogen, die Gläser klirrten, die Repräsentanten flogen zum Fenster hinaus, der Kaisermantel fiel auf die Schultern Bonapartes, bis der nächste Morgen wieder den Spuk vertrieb und das erstaunte Paris von wenig verschlossenen Vestalinnen und indiskreten Paladinen die Gefahr erfuhr, der es noch einmal entwischt war. In den Monaten September und Oktober überstürzten sich die Gerüchte von einem coup d'état. Der Schatten nahm zugleich Farbe an, wie ein buntes Daguerreotyp. Man schlage die Monatsgänge für September und Oktober in den Organen der europäischen Tagespresse nach, und man wird wörtlich Andeutungen wie folgende finden: „Staatsstreichgerüchte erfüllen Paris. Die Hauptstadt soll während der Nacht mit Truppen gefüllt werden und der andre Morgen Dekrete bringen, die die Nationalversammlung auflösen, das Departement der Seine in Belagerungszustand versetzen, das allgemeine Wahlrecht wiederherstellen, ans Volk appellieren. Bonaparte soll Minister für die Ausführung dieser illegalen Dekrete suchen.“ Die Korrespondenzen, die diese Nachrichten bringen, enden stets verhängnisvoll mit *“aufgeschoben“*. Der Staatsstreich war stets die fixe Idee Bonapartes. Mit dieser Idee hatte er den französischen Boden wieder betreten. Sie besaß ihn so sehr, daß er sie fortwährend verriet und ausplauderte. Er war so schwach, saß er sie ebenso fortwährend wieder aufgab. Der Schatten des Staatsstreiches war den Parisern als Gespenst so familiär geworden, daß sie nicht an ihn glauben wollten, als er endlich in Fleisch und Blut erschien. Es war also weder die verschlossene Zurückhaltung des Chefs der Gesellschaft vom 10.Dezember, noch eine ungeahnte Überrumpelung von seiten der Nationalversammlung, was den Staatsstreich gelingen ließ. Wenn er gelang, gelang er trotz *seiner* Indiskretion und mit *ihrem* Vorwissen, ein notwendiges, unvermeidliches Resultat der vorhergegangenen Entwicklung.

Am 10.Oktober kündete Bonaparte seinen Ministern den Entschluß an, das allgemeine Wahlrecht wiederherstellen zu wollen, am 16. Gaben sie ihre Entlassung, am 26. erfuhr Paris die Bildung des Ministeriums Thorigny. Der Polizeipräfekt Carlier wurde gleichzeitig durch Maupas ersetzt, der Chef der ersten Militärdivision, Magnan, zog die zuverlässigsten Regimenter in der Hauptstadt zusammen. Am 4.November eröffnete die Nationalversammlung wieder ihre Sitzungen. Sie hatte nichts mehr zu tun, als in einem kurzen bündigen Repetitorium des Kursus, den sie durchgemacht hatte, zu wiederholen und zu beweisen, das sie erst begraben wurde, nachdem sie gestorben war.

Der erste Posten, des sie im Kampf mit der Exekutivgewalt eingebüßt hatte, war das Ministerium, Sie mußte diesen Verlust feierlich eingestehn, indem sie das Ministerium Thorigny, ein bloßes Scheinministerium, als voll hinnahm. Die Permanenzkommission hatte Herrn Giraud mit Lachen empfangen, als er sich im Namen der neuen Minister vorstellte. Ein so schwaches Ministerium für so starke Maßregeln wie die Wiederherstellung des allgemeinen Wahlrecht! Aber es handelte sich eben darum, nichts *im* Parlament, alles *gegen* das Parlament durchzusetzen.

Gleich am ersten Tag ihrer Wiedereröffnung erhielt die Nationalversammlung die Botschaft Bonapartes, worin er Wiederherstellung des allgemeinen Wahlrechts und Abschaffung des Gesetzes vom 31.Mai 1850 verlangte. Seine Minister brachten an demselben Tage ein Dekret in diesem Sinne ein. Die Versammlung verwarf den Dringlichkeitsantrag der Minister sofort und das Gesetz selbst am 13.November, mit 355 gegen 348 Stimmen. Sie zerriß so noch einmal ihr Mandat, sie bestätigte noch einmal, daß sie sich aus der freigewählten Repräsentation des Volkes in das usurpatorische Parlament einer Klasse verwandelt, sie bekannte noch einmal, daß sie selbst die Muskeln entzweigeschnitten hatte, die den parlamentarischen Kopf mit dem Körper der Nation verbanden.

Wenn die Exekutivgewalt durch ihren Antrag auf Wiederherstellung des allgemeinen Wahlrechts von der Nationalversammlung an das Volk, appellierte die gesetzgebende Gewalt durch ihre Quästorenbill von dem Volke an die Armee. Diese Quästorenbill sollte ihr Recht auf unmittelbare Requisition der Truppen, auf Bildung einer parlamentarischen Armee festsetzen. Wenn sie so die Armee zum Schiedsrichter zwischen sich und dem Volke, zwischen sich und Bonaparte ernannte, wenn sie die Armee als entscheidende Staatsgewalt anerkannte, mußte sie andererseits bestätigen, daß sie längst den Anspruch auf Herrschaft über dieselbe aufgegeben habe. Indem sie, statt sofort Truppen zu requirieren, das Recht der Requisition debattierte, verriet sie den Zweifel an ihrer eignen Macht. Indem sie die Quästorenbill verwarf, gestand sie offen ihre Ohnmacht. Diese Bill fiel durch mit einer Minorität von 108 Stimmen, die Montagne hatte so den Ausschlag gegeben. Sie befand sich in der Lage von Buridans Esel, zwar nicht zwischen zwei Säcken Heu, um zu entscheiden welcher der anziehendere, wohl aber zwischen zwei Trachten Prügel, um zu entscheiden, welche die härtere sei. Auf der einen Seite die Furcht vor Changarnier, auf der andern die Furcht vor Bonaparte. Man muß gestehn, daß die Lage keine heroische war.

Am 18.November wurde zu dem von der Ordnungspartei eingebrachten Gesetz über die Kommunalwahl das Amendement gestellt, daß statt drei Jahre ein Domizil für die Kommunalwähler genügen solle. Das Amendement fiel mit einer einzigen Stimme durch, aber diese eine Stimme stellte sich sofort als ein Irrtum heraus. Die Ordnungspartei hatte durch Zersplitterung in ihre feindlichen Fraktionen längst ihre selbständig-parlamentarische Majorität eingebüßt. Sie zeigte jetzt, daß überhaupt keine Majorität im Parlament mehr vorhanden war. Die Nationalversammlung war *beschlußunfähig* geworden. Ihre atomistischen Bestandteile hingen durch keine Kohäsionskraft mehr zusammen, sie hatte ihren letzten Lebensatem verbraucht, sie war tot.

Die außerparlamentarische Masse der Bourgeoisie endlich sollte ihren Bruch mit der Bourgeoisie im Parlamente noch einmal einige Tage vor der Katastrophe feierlich bestätigen. Thiers, als parlamentarischer Held vorzugsweise von der unheilbaren Krankheit des parlamentarischen Kretinismus angesteckt, hatte nach dem Tode des Parlaments eine neue parlamentarische Intrige mit dem Staatsrate ausgeheckt, ein Verantwortlichkeitsgesetz, das den Präsidenten in die Schranken der Verfassung festbannen sollte. Wie Bonaparte am 15.September bei Grundlegung zu den neuen Markthallen von Paris die dames des halles, die Fischweiber, als zweiter Masiniellllo bezaubert hatte - allerdings wog ein Fischweib in realer Gewalt 17 Burggrafen auf -, wie er nach Vorlegung der Quästorenbill die in den Elysée traktierten Leutnants begeisterte, so riß er jetzt am 25.November die industrielle Bourgeoisie mit sich fort, die im Zirkus versammelt war, um aus seiner Hand Preismedaillen für die Londoner Industrieausstellung entgegenzunehmen. Ich gebe den bezeichnenden Teil seiner Rede nach dem „Journal des Débats“:

„Mit solch unverhofften Erfolgen bin ich berechtigt zu wiederholen, wie groß die französische Republik sein würde, wenn es ihr gestattet wäre, ihre realen Interessen zu verfolgen und ihre Institutionen zu reformieren, statt beständig gestört zu werden einerseits durch die Demagogen, andererseits durch die monarchischen Halluzinationen. (Lauter, stürmischer und wiederholter Applaus von jedem Teil des Amphitheaters.) Die monarchischen Halluzinationen verhindern allen Fortschritt und alle ernsten Industriezweige Statt des Fortschritts nur Kampf. Man sieht Männer, die früher die eifrigsten Stützen der königlichen Autorität und Prärogative waren, Parteigänger eines Konvents werden, bloß um die Autorität zu schwächen, die aus dem allgemeinen Stimmrecht entsprungen ist. (Lauter und wiederholter Applaus.) Wir sehen Männer, die am meisten von der Revolution gelitten und sie am meisten bejammert haben, eine neue provozieren, und nur um den Willen der Nation zu fesseln ... Ich verspreche Euch Ruhe für die Zukunft etc. etc. (Bravo, Bravo, stürmisches Bravo)“

So klatscht die industrielle Bourgeoisie dem Staatsstreich vom 2.Dezember, der Vernichtung des Parlaments, dem Untergang ihrer eignen Herrschaft, der Diktatur Bonapartes ihr serviles Bravo zu. Der Beifallsdonner vom 25.November erhielt seine Antwort in dem Kanonendonner vom 4.Dezember, und das Haus des Herrn Sallandrouze, der die meisten Bravos geklatscht hatte, wurde von den meisten Bomben zerklatscht.

Cromwell, als er das Lange Parlament auflöste, begab sich allein in die Mitte desselben, zog seine Uhr heraus, damit es keine Minute über die von ihm festgesetzte Frist fortexistiere, und verjagte jedes einzelne Parlamentsmitglied mit heiter humoristischen Schmähungen. Napoleon, kleiner als sein Vorbild, begab sich am 18.Brumaire wenigstens in den gesetzgebenden Körper und verlaß ihm, wenn auch mit beklommener Stimme, sein Todesurteil. Der zweite Bonaparte, der sich übrigens im Besitz einer ganz andern Exekutivgewalt befand als Cromwell oder Napoleon, suchte sein Vorbild nicht in den Annalen der Weltgeschichte, sondern in den Annalen der Gesellschaft vom 10.Dezember, in den Annalen der Kriminalgeschichte. Er bestiehlt die Bank von Frankreich um 25 Millionen Francs, kauft den General Magnan mit einer Million, die Soldaten Stück für Stück mit 15 Francs und mit Schnaps, findet sich wie ein Dieb in der Nacht mit seinen Spießgesellen heimlich zusammen, läßt in die Häuser der gefährlichsten Parlamentsführer einbrechen und Cavaignac, Lamoricière, Le Flô, Changarnier, Charras, Thiers, Baze etc. aus ihren Betten entführen, die Hauptplätze von Paris sowie das Parlamentsgebäude mit Truppen besetzen und früh am Morgen marktschreierische Plakate an allen Mauern anschlagen, worin die Auflösung der Nationalversammlung und des Staatsrats, die Wiederherstellung des allgemeinen Wahlrechts und die Versetzung des Seine-Departements in Belagerungszustand verkündet werden. So rückt er kurz nachher ein falsche Dokument in den „Moniteur" ein, wonach einflußreiche parlamentarische Namen sich in einer Staatskonsulta um ihn gruppiert hätten.

Das im Mairiegebäude des 10.Arrondissements versammelte Rumpfparlament, hauptsächlich aus Legitimisten und Orleanisten bestehend, beschließt unter dem wiederholten Rufe: „Es lebe die Republik", die Absetzung Bonapartes, harangiert umsonst die vor dem Gebäude gaffende Masse und wird endlich unter dem Geleite afrikanischer Scharfschützen erst in die Kaserne d'Orsay geschleppt, später in Zellenwagen verpackt und nach den Gefängnissen von Mazas, Ham und Vincennes transportiert. So endet die Ordnungspartei, die legislative Versammlung und die Februarrevolution. Ehe wir zum Schluß eilen, kurz das Schema ihrer Geschichte:

Erste Periode. Vom 24.Februar bis 4.März 1848. Februarperiode. Prolog. Allgemeiner Verbrüderungsschwindel.

Zweite Periode. Periode der Konstituierung der Republik und der konstituierenden Nationalversammlung

4.Mai bis 25.Juni 1848. Kampf sämtlicher Klassen gegen das Proletariat. Niederlage des Proletariat in den Junitagen. 25.Juni bis 10.Dezember 1848. Diktatur der reinen Bourgeois-Republikaner. Entwerfung der Konstitution. Verhängung des Belagerungszustandes über Paris. Die Bourgeoisdiktatur am 10.Dezember beseitigt durch die Wahl Bonapartes zum Präsidenten. 20.Dezember 1848 bis 28.Mai 1849. Kampf der Konstituante mit Bonaparte und der mit ihm vereinigten Ordnungspartei. Untergang der Konstituante. Fall der republikanischen Bourgeoisie.

Dritte Periode. Periode der *konstitutionellen Republik* und der *legislativen Nationalversammlung*.

28.Mai 1849 bis 13.Juni 1849. Kampf der Kleinbürger mit der Bourgeoisie und mit Bonaparte. Niederlage der kleinbürgerlichen Demokratie. 13.Juni 1849 bis 31.Mai 1850. Parlamentarische Diktatur der Ordnungspartei. Vollendet ihre Herrschaft durch Abschaffung des allgemeinen Wahlrechts, verliert aber das parlamentarische Ministerium. 31.Mai 1850 bis 2.Dezember 1851. Kampf zwischen der parlamentarischen Bourgeoisie und Bonaparte.

31.Mai 1850 bis 12.Januar 1851. Das Parlament verliert den Oberbefehl über die Armee. 12.Januar bis 11.April 1851. Es unterliegt in den Versuchen, sich der Administrativgewalt wieder zu bemächtigen. Die Ordnungspartei verliert die selbständige parlamentarische Majorität. Ihre Koalition mit den Republikanern und der Montagne. 11.April 1851 bis 9.Oktober 1851 Revisions-, Fusions-, Prorogationsversuche. Die Ordnungspartei löst sich in ihre einzelnen Bestandteile auf. Der Bruch des Bourgeoisparlaments und der Bourgeoispresse mit der Bourgeoismasse konsolidiert sich. 9.Oktober bis 2.Dezember 1851. Offner Bruch zwischen dem Parlament und der Exekutivgewalt. Es vollzieht seinen Sterbeakt und unterliegt, von der eigenen Klasse, von der Armee, von allen übrigen Klassen im Stiche gelassen. Untergang des parlamentarischen Regimes und der

Bourgeoisherrschaft. Sieg Bonapartes. Imperialistische Restaurationsparodie.

Die *soziale Republik* erschien als Phrase, als Prophezeiung an der Schwelle der Februarrevolution. In den Junitagen 1848 wurde sie im Blute *des Pariser Proletariats* erstickt, aber sie geht in den folgenden Akten des Dramas als Gespenst um. Die *demokratische Republik* kündigte sich an. Sie verpufft am 13.Juni 1849 mit ihren davongelaufenen *Kleinbürgern*, aber im Fliehen wirft sie doppelt renommierende Reklamen hinter sich. Die *parlamentarische Republik* mit der Bourgeoisie bemächtigt sich der ganzen Bühne, sie lebt sich aus in der vollen Breite ihrer Existenz, aber der 2.Dezember 1851 begräbt sie unter dem Angstgeschrei der koalisierten Royalisten: „Es lebe die Republik!"

Die französische Bourgeoisie bäumte sich gegen die Herrschaft des arbeitenden Proletariats, sie hat das Lumpenproletariat zur Herrschaft gebracht, an der Spitze den Chef der Gesellschaft vom 10.Dezember. Die Bourgeoisie hielt Frankreich in atemloser Furcht vor den zukünftigen Schrecken der roten Anarchie; Bonaparte eskomptierte ihr diese Zukunft, als er am 4.Dezember die vornehmen Bürger des Boulevard Montmartre und des Boulevard des Italiens durch die schnapsbegeisterte Armee der Ordnung von ihren Fenstern herabschießen ließ. Sie apotheosierte den Säbel; der Säbel beherrscht sie. Sie vernichtet die revolutionäre Presse; ihre eigne Presse ist vernichtet. Sie stellte die Volksversammlungen unter Polizeiaufsicht; ihre Salons stehen unter der Aufsicht der Polizei. Sie löste die demokratischen Nationalgarden auf; ihre eigne Nationalgarde ist aufgelöst. Sie verhing den Belagerungszustand; der Belagerungszustand ist über sie verhängt. Sie verdrängt die Jurys durch Militärkommissionen, ihre Jurys sind durch Militärkommissionen verdrängt. Sie unterwarf den Volksunterricht den Pfaffen; die Pfaffen unterwerfen sie ihrem eignen Unterricht. Sie transportierte ohne Urteil; sie wird ohne Urteil transportiert. Sie unterdrückte jede Regung der Gesellschaft durch die Staatsmacht; jede Regung ihrer Gesellschaft wird durch die Staatsmacht erdrückt. Sie rebelliert aus Begeisterung für ihren Geldbeutel gegen ihre eignen Politiker und Literaten; ihre Politiker und Literaten sind beseitigt, aber ihr Geldbeutel wird geplündert, nachdem sein Mund geknebelt und seine Feder zerbrochen ist. Die Bourgeoisie rief der Revolution unermüdlich zu wie der heilige Arsenius den Christen: „Fuge, tace, quisce! Fliehe, schweige, ruhe!"

Die französische Bourgeoisie hatte längst das Dilemma Napoleons gelöst: „Dans cinquante ans l'Europe sera républicaine ou cosaque." Sie hatte es gelöst in der „république cosaque". Keine Circe hat das Kunstwerk der bürgerlichen Republik durch bösen Zauber in eine Ungestalt verzerrt. Jene Republik hat nichts verloren als den Schein der Respektabilität. Das jetzige Frankreich war fertig in der parlamentarischen Republik enthalten. Es bedurfte nur eines Bajonettstichs, damit die Blase platze und das Ungeheuer in die Augen springe.

Warum hat sich das Pariser Proletariat nicht nach dem 2.Dezember erhoben?

Noch war der Sturz der Bourgeoisie erst dekretiert, das Dekret war nicht vollzogen. Jeder ernste Aufstand des Proletariats hätte sie sofort neu belebt, mit der Armee ausgesöhnt und den Arbeitern eine zweite Juniniederlage gesichert.

Am 4.Dezember wurde das Proletariat von Bourgeois und Épicier zum Kampfe aufgestachelt. Am Abende dieses Tages versprachen mehrere Legionen der Nationalgarde, bewaffnet und uniformiert auf dem Kampfplatze zu erscheinen. Bourgeois und Épicier waren nämlich dahintergekommen, daß Bonaparte in einem seiner Dekrete vom 2.Dezember das geheime Votum abschaffte und ihnen anbefahl, in den offiziellen Registern hinter ihre Namen ihr Ja oder nein einzutragen. Der Widerstand vom 4.Dezember schüchterte Bonaparte ein. Während der Nacht ließ er an allen Straßenecken von Paris Plakate anschlagen, welche die Wiederherstellung des geheimen Votums verkündeten. Bourgeois und Épicier glaubten, ihren Zweck erreicht zu haben. Wer nicht am andern Morgen erschien, waren Épicier und Bourgeois.

Das Pariser Proletariat war durch einen Handstreich Bonapartes während der Nacht vom 1. auf den 2.Dezember seiner Führer, der Barrikadenchefs, beraubt worden. Eine Armee ohne Offiziere, durch die Erinnerungen vom Juni 1848 und 1849 und vom Mai 1850 abgeneigt, unter dem Banner der Montagnards zu kämpfen, überließ es seiner Avantgarde, den geheimen Gesellschaften, die Rettung der insurrektionellen Ehre von Paris, welche die Bourgeoisie so widerstandslos der Soldateska preisgab, daß Bonaparte später die Nationalgarde mit dem höhnischen Motive entwaffnen konnte: Er fürchte, daß ihre Waffen gegen sie selbst von den Anarchisten mißbraucht werden würden!

„C' est le triomphe complet et définitif du socialisme!" So charakterisierte Guizot den 2.Dezember. Aber wenn der Sturz der parlamentarischen Republik dem Keime nach den Triumph der proletarischen Revolution in sich enthält, so war ihr nächstes handgreifliches Resultat *der Sieg Bonapartes über das Parlament, der Exekutivgewalt über die Legislativgewalt, der Gewalt ohne Phrase über die Gewalt der Phrase.* In dem Parlamente erhob die Nation ihren allgemeinen Willen zum Gesetze, d.h. das Gesetz der herrschenden Klasse zu ihrem allgemeinen Willen. Vor der Exekutivgewalt dankt sie jeden eignen Willen ab und unterwirft sich dem Machtgebot des fremden, der Autorität. Die Exekutivgewalt im Gegensatz zur Legislativen drückt die Heteronomie der Nation im Gegensatz zu ihrer Autonomie aus. Frankreich scheint also nur der Despotie einer Klasse entlaufen, um unter die Despotie eines Individuums zurückzufallen, und zwar unter die Autorität eines Individuums ohne Autorität. Der Kampf scheint so geschlichtet, daß alle Klassen gleich machtlos und gleich lautlos vor dem Kolben niederknien.

Aber die Revolution ist gründlich. Sie ist noch auf der Reise durch das Fegefeuer begriffen. Sie vollbringt ihr Geschäft mit Methode. Bis zum 2.Dezember 1851 hatte sie die eine Hälfte ihrer Vorbereitung absolviert, sie absolviert jetzt die andre. Sie vollendete erst die parlamentarische Gewalt, um sie stürzen zu können. Jetzt, wo sie dies erreicht, vollendet sie die *Exekutivgewalt,* reduziert sie auf ihren reinsten Ausdruck, isoliert sie, stellt sie sich als einzigen Vorwurf gegenüber, um alle ihre Kräfte der Zerstörung gegen sie zu konzentrieren. Und wenn sie diese zweite Hälfte ihrer Vorarbeit vollbracht hat, wird Europa von seinem Sitze aufspringen und jubeln: Brav gewühlt, alter Maulwurf!

Diese Exekutivgewalt mit ihrer ungeheuern bürokratischen und militärischen Organisation, mit ihrer weitschichtigen und künstlichen Staatsmaschinerie, ein Beamtenheer von einer halben Million neben einer Armee von einer andern halben Million, dieser fürchterliche Parasitenkörper, der sich wie eine Netzhaut um den Leib der französischen Gesellschaft schlingt und ihr alle Poren verstopft, entstand in der Zeit der absoluten Monarchie, beim Verfall des Feudalwesens, den er beschleunigen half. Die herrschaftlichen Privilegien der Grundeigentümer und Städte verwandelten sich in ebenso viele Attribute der Staatsgewalt, die feudalen Würdenträger in bezahlte Beamte und die bunte Mustercharte der widerstreitenden mittelalterlichen Machtvollkommenheiten in den geregelten Plan einer Staatsmacht, deren Arbeit fabrikmäßig geteilt und zentralisiert ist. Die erste französische Revolution mit ihrer Aufgabe, alle lokalen, territorialen, städtischen und provinziellen Sondergewalten zu brechen, um die bürgerliche Einheit der Nation zu schaffen, mußte entwickeln, was die absolute Monarchie begonnen hatte: die Zentralisation, aber zugleich den Umfang, die Attribute und die Handlanger der Regierungsgewalt. Napoleon vollendete diese Staatsmaschinerie. Die legitime Monarchie und die Julimonarchie fügten nichts hinzu als eine größere Teilung der Arbeit, in demselben Maße wachsend, als die Teilung der Arbeit innerhalb der bürgerlichen Gesellschaft neue Gruppen von Interessen schuf, also neues Material für die Staatsverwaltung. Jedes *gemeinsame* Interesse wurde sofort von der Gesellschaft losgelöst, als höheres, *allgemeines* Interesse ihr gegenübergestellt, der Selbständigkeit der Gesellschaftsglieder entrissen und zum Gegenstand der Regierungstätigkeit gemacht, von der Brücke, dem Schulhaus und dem Kommunalvermögen einer Dorfgemeinde bis zu den Eisenbahnen, dem Nationalvermögen und der Landesuniversität Frankreichs. Die parlamentarische Republik endlich sah sich in ihrem

Kampfe wider die Revolution gezwungen, mit den Repressivmaßregeln die Mittel und die Zentralisation der Regierungsgewalt zu verstärken. Alle Umwälzungen vervollkommneten die Maschine statt sie zu brechen. Die Parteien, die abwechselnd um die Herrschaft rangen, betrachteten die Besitznahme dieses ungeheueren Staatsgebäudes als die Hauptbeute des Siegers.

Aber unter der absoluten Monarchie, während der ersten Revolution, unter Napoleon war die Bürokratie nur das Mittel, die Klassenherrschaft der Bourgeoisie vorzubereiten. Unter der Restauration, unter Louis-Philippe, unter der parlamentarischen Republik war sie das Instrument der herrschenden Klasse, so sehr sie auch nach Eigenmacht strebte.

Erst unter dem zweiten Bonaparte scheint sich der Staat völlig verselbständigt zu haben. Die Staatsmaschinerie hat sich der bürgerlichen Gesellschaft gegenüber so befestigt, daß an der Spitze der Chef der Gesellschaft vom 10.Dezember genügt, ein aus der Fremde herbeigelaufener Glücksritter, auf den Schild gehoben von einer trunkenen Soldateska, die er durch Schnaps und Würste erkauft hat, nach der er stets von neuem mit der Wurst werfen muß. Daher die kleinlaute Verzweiflung, das Gefühl der ungeheuersten Demütigung, Herabwürdigung, das die Brust Frankreichs beklemmt und seinen Atem stocken läßt. Es fühlt sich wie entehrt.

Und dennoch schwebt die Staatsgewalt nicht in der Luft. Bonaparte vertritt eine Klasse, und zwar die zahlreichste Klasse der französischen Gesellschaft, die *Parzellenbauern*.

Wie die Bourbons die Dynastie des großen Grundeigentums, wie die Orléans die Dynastie des Geldes, so sind die Bonapartes die Dynastie der Bauern, d.h. der französischen Volksmasse. Nicht der Bonaparte, der sich dem Bourgeoisparlamente unterwarf, sondern der Bonaparte, der das Bourgeoisparlament auseinanderjagte, ist der Auserwählte der Bauern. Drei Jahre war es den Städten gelungen, den Sinn der Wahl vom 10.Dezember zu verfälschen und die Bauern um die Wiederherstellung des Kaiserreichs zu prellen. Die Wahl vom 10.Dezember 1848 ist erst erfüllt worden durch den coup d'état vom 2.Dezember 1851.

Die Parzellenbauern bilden eine ungeheure Masse, deren Glieder in gleicher Situation leben, aber ohne in mannigfache Beziehung zueinander zu treten. Ihre Produktionsweise isoliert sie voneinander, statt sie in wechselseitigen Verkehr zu bringen. Die Isolierung wird gefördert durch die schlechten französischen Kommunikationsmittel und die Armut der Bauern. Ihr Produktionsfeld, die Parzelle, läßt in seiner Kultur keine Teilung der Arbeit zu, keine Anwendung der Wissenschaft, also keine Mannigfaltigkeit der Entwicklung, keine Verschiedenheit der Talente, keinen Reichtum der gesellschaftlichen Verhältnisse. Jede einzelne Bauernfamilie genügt beinah sich selbst, produziert unmittelbar selbst den größten Teil ihres Konsums und gewinnt so ihr Lebensmaterial mehr im Austausche mit der Natur als im Verkehr mit der Gesellschaft. Die Parzelle, der Bauer und die Familie; daneben eine andre Parzelle, ein andrer Bauer und eine andre Familie. Ein Schock davon macht ein Dorf, und ein Schock Dörfer macht ein Departement. So wird die große Masse der französischen Nation gebildet durch einfache Addition gleichnamiger Größen, wie etwa ein Sack von Kartoffeln einen Kartoffelsack bildet. Insofern Millionen von Familien unter ökonomischen Existenzbedingungen leben, die ihre Lebensweise, ihre Interessen und ihre Bildung, von denen der andern Klassen trennen und ihnen feindlich gegenüberstellen, bilden sie eine Klasse. Insofern ein nur lokaler Zusammenhang unter den Parzellenbauern besteht, die Dieselbigkeit ihrer Interessen keine Gemeinsamkeit, keine nationale Verbindung und keine politische Organisation unter ihnen erzeugt, bilden sie keine Klasse. Sie sind daher unfähig, ihr Klasseninteresse im eigenen Namen, sei es durch ein Parlament, sei es durch einen Konvent geltend zu machen. Sie können sich nicht vertreten, sie müssen vertreten werden. Ihr Vertreter muß zugleich als ihr Herr, als eine Autorität über ihnen erscheinen, als eine unumschränkte Regierungsgewalt, die sie vor den andern Klassen beschützt und ihnen von oben Regen und Sonnenschein schickt. Der politische Einfluß der Parzellenbauern findet also darin seinen letzten Ausdruck, daß die Exekutivgewalt sich die Gesellschaft unterordnet.

Durch die geschichtliche Tradition ist der Wunderglaube der französischen Bauern entstanden, daß ein Mann namens Napoleon ihnen alle Herrlichkeit wiederbringen werde. Und es fand sich ein Individuum, das sich für diesen Mann ausgibt, weil es den Namen Napoleon trägt, infolge des Code Napoléon, der anbefiehlt: „La recherche de la paternité est interdite." Nach zwanzigjähriger Vagabundage und einer Reihe von grotesken Abenteuern erfüllt sich die Sage, und der Mann wird Kaiser der Franzosen. Die fixe Idee des Neffen verwirklicht sich, weil sie mit der fixen Idee der zahlreichsten Klasse der Franzosen zusammenfiel.

Aber, wird man mir einwerfen, die Bauernaufstände in halb Frankreich, die Treibjagden der Armee auf die Bauern, die massenhafte Einkerkerung und Transportation der Bauern?

Seit Ludwig XIV. hat Frankreich keine ähnliche Verfolgung der Bauern „wegen demagogischer Umtriebe" erlebt.

Aber man verstehe wohl. Die Dynastie Bonaparte repräsentiert nicht den revolutionären, sondern den konservativen Bauern, nicht den Bauern, der über seine soziale Existenzbedingung, die Parzelle hinausdrängt, sondern der sie vielmehr befestigen will, nicht das Landvolk, das durch eigne Energie im Anschluß an die Städte die alte Ordnung umstürzen, sondern umgekehrt dumpf verschlossen in dieser alten Ordnung sich mitsamt seiner Parzelle von dem Gespenste des Kaisertums gerettet und bevorzugt sehen will. Sie repräsentiert nicht die Aufklärung, sondern den Aberglauben des Bauern, nicht sein Urteil, sondern sein Vorurteil, nicht seine Zukunft, sondern seine Vergangenheit, nicht seine modernen Cevennen, sondern seine moderne Vendée.

Die dreijährige harte Herrschaft der parlamentarischen Republik hatte einen Teil der französischen Bauern von der napoleonischen Illusion befreit und, wenn auch nur oberflächlich, revolutioniert; aber die Bourgeoisie warf sie gewaltsam zurück, sooft sie sich in Bewegung setzten. Unter der parlamentarischen Republik rang das moderne mit dem traditionellen Bewußtsein der französischen Bauern. Der Prozeß ging vor sich in der Form eines unaufhörlichen Kampfes zwischen den Schulmeistern und den Pfaffen. Die Bourgeoisie schlug die Schulmeister nieder. Die Bauern machten zum ersten Mal Anstrengungen, die Regierungstätigkeit gegenüber sich selbständig zu verhalten. Es erschien dies in dem fortgesetzten Konflikte der Maires mit den Präfekten. Die Bourgeoisie setzte die Maires ab. Endlich erhoben sich die Bauern verschiedener Orte während der Periode der parlamentarischen Republik gegen ihre eigne Ausgeburt, die Armee. Die Bourgeoisie bestrafte sie mit Belagerungszuständen und Exekutionen. Und dieselbe Bourgeoisie schreit jetzt über die Stupidität der Massen, der vile multitude des gemeinen Pöbels, der sie an Bonaparte verraten habe. Sie selbst hat den Imperialismus der Bauernklasse gewaltsam befestigt, sie hielt die Zustände fest, die die Geburtsstätte dieser Bauernreligion bilden. Allerdings muß die Bourgeoisie die Dummheit der Massen fürchten, solange sie konservativ bleiben, und die Einsicht der Massen, sobald sie revolutionär werden.

In den Aufständen nach dem coup d'état protestierte in Teil der französischen Bauern mit den Waffen in der Hand gegen sein eignes Votum vom 10.Dezember 1848. Die Schule seit 1848 hatte sie gewitzigt. Allein sie hatten sich der geschichtlichen Unterwelt verschrieben, die Geschichte hielt sie beim Worte, und noch war die Mehrzahl so befangen, daß gerade in den rotesten Departements die Bauernbevölkerung öffentlich für Bonaparte stimmte. Die Nationalversammlung hatte ihn nach ihrer Ansicht am Gehen verhindert. Er hatte jetzt nur die Fessel gebrochen, die die Städte dem Willen des Landes angelegt. Sie trugen sich stellenweise sogar mit der grotesken Vorstellung: neben einem Napoleon ein Konvent.

Nachdem die erste Revolution die halbhörigen Bauern in freie Grundeigentümer verwandelt hatte, befestigte und regelte Napoleon die Bedingungen, worin sie ungestört den eben erst ihnen anheimgefallenen Boden Frankreichs ausbeuten und die jugendliche Lust am Eigentum büßen konnten. Aber woran der französische Bauer jetzt untergeht, es ist seine Parzelle selbst, die Teilung des Grund und Bodens, die Eigentumsform, die Napoleon in Frankreich konsolidierte. Es sind eben die materiellen Bedingungen, die den französischen Feudalbauer zum Parzellenbauer und Napoleon zum Kaiser machten. Zwei Generationen haben hingereicht, um das unvermeidliche Resultat zu erzeugen: progressive Verschlechterung des Ackerbaus, progressive Verschuldung des Ackerbauers. Die „Napoleonische" Eigentumsform, die im Anfange des neunzehnten Jahrhunderts die Bedingung für die Befreiung und die Bereicherung des französischen Landvolks war, hat sich im Laufe dieses Jahrhunderts als das Gesetz ihrer Sklaverei und ihres Pauperismus entwickelt. Und eben dies Gesetz ist die erste der „idées napoléoniennes", die der zweite Bonaparte zu behaupten hat. Wenn er mit den Bauern noch die Illusion teilt, nicht im Parzelleneigentum selbst, sondern außerhalb, im Einflusse sekundärer Umstände die Ursache ihres Ruins zu suchen, so werden seine Experimente wie Seifenblasen an den Produktionsverhältnissen zerschellen.

Die ökonomische Entwicklung des Parzelleneigentums hat das Verhältnis der Bauern zu den übrigen Gesellschaftsklassen von Grund auf verkehrt. Unter Napoleon ergänzte die Parzellierung des Grund und Bodens auf dem Lande die freie Konkurrenz und die beginnende große Industrie in den Städten. Die Bauernklasse war der allgegenwärtige Protest gegen die eben erst gestürzte Grundaristokratie. Die Wurzeln, die das Parzelleneigentum in dem französischen Grund und Boden schlug, entzogen dem Feudalismus jeden Nahrungsstoff. Seine Grenzpfähle bildeten das natürliche Befestigungswerk der Bourgeoisie gegen jeden Handstreich ihrer alten Oberherrn. Aber im Laufe des neunzehnten Jahrhunderts trat an die Stelle des Feudalen der städtische Wucherer, an die Stelle des aristokratischen Grundeigentums das bürgerliche Kapital. Die Parzelle des Bauern ist nur noch der Vorwand, der dem Kapitalisten erlaubt, Profit, Zinsen und Rente von dem Acker zu ziehn und den Ackerbauer selbst zusehn zu lassen, wie er seinen Arbeitslohn herausschlägt. Die auf dem französischen Boden lastende Hypothekarschuld legt der französischen Bauernschaft einen Zins auf, so groß wie der Jahreszins der gesamten britischen Nationalschuld. Das Parzelleneigentum in dieser Sklaverei vom Kapital, wozu seine Entwicklung unvermeidlich hindrängt, hat die Masse der französischen Nation in Troglodyten verwandelt. Sechzehn Millionen Bauern (Frauen und Kinder eingerechnet) hausen in Höhlen, wovon ein großer Teil nur eine Öffnung, der andre nur zwei, und der bevorzugteste nur drei Öffnungen hat. Die Fenster sind an einem Haus, was die fünf Sinne für den Kopf sind. Die bürgerliche Ordnung, die im Anfange des Jahrhunderts den Staat als Schildwache vor die neuentstandene Parzelle stellte und sie mit Lorbeeren düngte, ist zum Vampyr geworden, der ihr Herzblut und Hirnmark aussaugt und sie in den Alchimistenkessel des Kapitals wirft. Der Code Napoléon ist nur noch der Kodex der Exekution, der Subhastation und der Zwangsversteigerung. Zu den vier Millionen (Kinder usw. eingerechnet) offiziellen Paupers, Vagabunden, Verbrecher und Prostituierten, die Frankreich zählt, kommen fünf Millionen hinzu, die an dem Abgrunde der Existenz schweben und entweder auf dem Lande selbst hausen oder beständig mit ihren Lumpen und ihren Kindern von dem Lande in die Städte und von den Städten auf das Land desertieren. Das Interesse der Bauern befindet sich also nicht mehr, wie unter Napoleon, im Einklange, sondern im Gegensatze mit den Interessen der Bourgeoisie, mit dem Kapital. Sie finden also ihren natürlichen Verbündeten und Führer in dem *städtischen Proletariat*, dessen Aufgabe der Umsturz der bürgerlichen Ordnung ist. Aber die *starke und unumschränkte Regierung* - und dies ist die zweite „idée napoléonienne“, die der zweite Napoleon auszuführen hat - ist zur gewaltsamen Verteidigung dieser „materiellen“ Ordnung berufen. Auch gibt dieser „ordre matériel“ in allen Proklamationen Bonapartes gegen die aufrührerischen Bauern das Stichwort ab.

Neben der Hypothek, die das Kapital ihr auferlegt, lastet auf der Parzelle die *Steuer*. Die Steuer ist die Lebensquelle der Bürokratie, der Armee, der Pfaffen und des Hofes, kurz, des ganzen Apparats der Exekutivgewalt. Starke Regierung und starke Steuer sind identisch. Das Parzelleneigentum eignet sich seiner Natur nach zur Grundlage einer allgewaltigen und zahllosen Bürokratie. Es schafft ein gleichmäßiges Niveau der Verhältnisse und der Personen über der ganzen Oberfläche des Landes. Es erlaubt also auch die gleichmäßige Einwirkung nach allen Punkten dieser gleichmäßigen Masse von einem obersten Zentrum aus. Es vernichtet die aristokratischen Mittelstufen zwischen der Volksmasse und der Staatsgewalt. Es ruft also von allen Seiten das direkte Eingreifen dieser Staatsgewalt und das Zwischenschieben ihrer unmittelbaren Organe hervor. Es erzeugt endlich eine unbeschäftigte Überbevölkerung, die weder auf dem Lande noch in den Städten Platz findet und daher nach den Staatsämtern als einer Art von respektablem Almosen greift und die Schöpfung von Staatsämtern provoziert. Napoleon gab in den neuen Märkten, die er mit dem Bajonette eröffnete, in der Plünderung des Kontinents, die Zwangssteuer mit Zinsen zurück. Sie war ein Stachel für die Industrie des Bauern, während sie jetzt seine Industrie der letzten Hülfsquellen beraubt, seine Widerstandslosigkeit gegen den Pauperismus vollendet. Und eine enorme Bürokratie, wohlgaloniert und wohlgenährt, ist die „idée napoléonienne“, die dem zweiten Bonaparte von allen am meisten zusagt. Wie sollte sie auch nicht, da er gezwungen ist, neben den wirklichen Klassen der Gesellschaft eine künstliche Kaste zu schaffen, für welche die Erhaltung seines Regimes zur Messer- und Gabelfrage wird. Eine seiner ersten Finanzoperationen war daher auch die Wiedererhöhung der Beamtengehalte auf ihren alten Betrag und die Schöpfung neuer Sinekuren.

Eine andre „idée napoléonienne“ ist die Herrschaft der *Pfaffen* als Regierungsmittel. Aber wenn die neuentstandene Parzelle in ihrem Einklang mit der Gesellschaft, in ihrer Abhängigkeit von den Naturgewalten und ihrer Unterwerfung unter die Autorität, die sie von oben beschützte, natürlich religiös war, wird die schuldzerrüttete, mit der Gesellschaft und der Autorität zerfallene, über ihre eigne Beschränktheit hinausgetriebene Parzelle natürlich irreligiös. Der Himmel war eine ganz schöne Zugabe zu dem eben gewonnenen schmalen Erdstrich, zumal da er das Wetter macht; er wird zum Insult, sobald er als Ersatz für die Parzelle aufgedrängt wird. Der Pfaffe erscheint dann nur noch als der gesalbte Spürhund der irdischen Polizei - eine andre „idée napoléonienne". Die Expedition gegen Rom wird das nächste Mal in Frankreich selbst stattfinden, aber im umgekehrten Sinne des Herrn von Montalembert.

Der Kulminationspunkt der „idées napoléoniennes" endlich ist das Übergewicht der *Armee*. Die Armee war der point d'honneur der Parzellenbauern, sie selbst in Heroen verwandelt, nach außen hin den neuen Besitz verteidigend, ihre eben erst errungene Nationalität verherrlichend, die Welt plündernd und revolutionierend. Die Uniform war ihr eignes Staatskostüm, der Krieg ihre Poesie, die in der Phantasie verlängerte und abgerundete Parzelle das Vaterland und der Patriotismus die ideale Form des Eigentumssinnes. Aber die Feinde, wogegen der französische Bauer jetzt sein Eigentum zu verteidigen hat, es sind nicht die Kosaken, es sind die Huissiers und die Steuerexekutoren. Die Parzelle liegt nicht mehr im sogenannten Vaterland, sondern im Hypothekenbuch. Die Armee selbst ist nicht mehr sie Blüte der Bauernjugend, sie ist die Sumpfblüte des bäuerlichen Lumpenproletariats. Sie besteht größtenteils aus Remplaçants, aus Ersatzmännern, wie der zweite Bonaparte selbst nur Remplaçant, der Ersatzmann für Napoleon ist. Ihre Heldentaten verrichtet sie jetzt in den Gems- und Treibjagden auf die Bauern, im Gendarmendienst, und wenn die innern Widersprüche seines Systems den Chef der Gesellschaft des 10.Dezember über die französischen Grenze jagen, wird sie nach einigen Banditenstreichen keine Lorbeeren, sondern Prügel ernten.

Man sieht: *Alle „idées napoléoniennes" sind Ideen der unentwickelten, jugendfrischen Parzelle*, sie sind ein Widersinn für die überlebte Parzelle. Sie sind nur die Halluzinationen ihres Todeskampfes, Worte, die in Phrasen, Geister, die in Gespenster verwandelt. Aber die Parodie des Imperialismus war notwendig, um die Masse der französischen Nation von der Wucht der Tradition zu befreien und den Gegensatz der Staatsgewalt zur Gesellschaft rein herauszuarbeiten. Mit der fortschreitenden Zerrüttung des Parzellen eigentums bricht das auf ihm aufgeführte Staatsgebäude zusammen. Die staatliche Zentralisation, deren die moderne Gesellschaft bedarf, erhebt sich nur auf den Trümmern der militärisch-bürokratischen Regierungsmaschinerie, die im Gegensatz zum Feudalismus geschmiedet ward.

Die französischen Bauernverhältnisse enthüllen uns das Rätsel der *allgemeinen Wahlen vom 20. und 21.Dezember*, die den zweiten Bonaparte auf den Berg Sinai, führten, nicht um Gesetze zu erhalten, sondern um sie zu geben.

Die Bourgeoisie hatte jetzt offenbar keine andere Wahl, als Bonaparte zu wählen. Als die Puritaner auf dem Konzile von Konstanz über das lasterhafte Leben der Päpste klagten und über die Notwendigkeit der Sittenreform jammerten, donnerte der Kardinal Pierre d'Ailly ihnen zu: „Nur noch der Teufel in eigner Person kann die katholische Kirche retten, und ihr verlangt Engel." So rief die französische Bourgeoisie nach dem coup d'état: Nur noch der Chef der Gesellschaft vom 10.Dezember kann die bürgerliche Gesellschaft retten! Nur noch der Diebstahl das Eigentum, der Meineid die Religion, das Bastardtum die Familie, die Unordnung die Ordnung!

Bonaparte als die verselbständigte Macht der Exekutivgewalt fühlt seinen Beruf, die „bürgerliche Ordnung" sicherzustellen. Aber die Stärke dieser bürgerlichen Ordnung ist die Mittelklasse, Er weiß sich daher als Repräsentant der Mittelklasse und erläßt Dekrete in diesem Sinne. Er ist jedoch nur dadurch etwas, daß er die politische Macht dieser Mittelschicht gebrochen hat und täglich von neuem bricht. Er weiß sich daher als Gegner der politischen und literarischen Macht der Mittelklasse. Aber indem er ihre materielle Macht beschützt, erzeugt er von neuem ihre politische Macht. Die Ursache muß daher am Leben erhalten, aber die Wirkung, wo sie sich zeigt, aus der Welt geschafft werden. Aber ohne kleine Verwechslungen von Ursache und Wirkung kann dies nicht abgehn, da beide in der Wechselwirkung ihre Unterscheidungsmerkmale verlieren. Neue Dekrete, die die Grenzlinie verwischen. Bonaparte weiß sich zugleich gegen die Bourgeoisie als Vertreter der Bauern und des Volkes überhaupt, der innerhalb der bürgerlichen Gesellschaft die untern Volksklassen beglücken will. Neue Dekrete, die die „wahren Sozialisten" im voraus um ihr Regierungsprogramm prellen. Aber Bonaparte weiß sich vor allem als Chef der Gesellschaft vom 10.Dezember, als Repräsentanten des Lumpenproletariats, dem er selbst, seine entourage, seine Regierung und seine Armee angehören und für das es sich vor allem darum handelt, sich wohlzutun und kalifornische Lose aus dem Staatsschatze zu ziehn. Und er bestätigt sich als Chef der Gesellschaft vom 10.Dezember mit Dekreten, ohne Dekrete und trotz der Dekrete.

Diese widerspruchsvolle Aufgabe des Mannes erklärt die Widersprüche seiner Regierung, das unklare Hinundhertappen, das bald diese, bald jene Klasse zu gewinnen, bald zu demütigen sucht und alle gleichmäßig gegen sich aufbringt, dessen praktische Unsicherheit einen hochkomischen Kontrast bildet zu dem gebieterischen, kategorischen Stile der Regierungsakte, der dem Onkel folgsam nachkopiert wird.

Industrie und Handel, also die Geschäfte der Mittelklasse, sollen unter der starken Regierung treibhausmäßig aufblühn. Verleihen einer Unzahl von Eisenbahnkonzessionen. Aber das bonapartistische Lumpenproletariat soll sich bereichern. Tripotage mit den Eisenbahnkonzessionen auf der Börse von den vorher Eingeweihten. Aber es zeigt sich kein Kapital für die Eisenbahnen. Verpflichtung der Bank, auf Eisenbahnaktien vorzuschießen. Aber die Bank soll zugleich persönlich exploitiert und daher kajoliert werden. Entbindung der Bank von der Pflicht, ihren Bericht wöchentlich zu veröffentlichen. Leoninischer Vertrag der Bank mit der Regierung. Das Volk soll beschäftigt werden. Anordnungen von Staatsbauten. Aber die Staatsbauten erhöhen die Steuerpflichten des Volkes. Also Herabsetzung der Steuern durch Angriff auf die Rentiers, durch Konvertierung der fünfprozentigen Renten in viereinhalbprozentige. Aber der Mittelstand muß wieder ein douceur erhalten. Also Verdoppelung der Weinsteuer für das Volk, das ihn en détail kauft, und Herabsetzung um die Hälfte für den Mittelstand, der ihn en gros trinkt. Auflösung der wirklichen Arbeiterassoziationen, aber Verheißung von künftigen Assoziationswundern. Den Bauern soll geholfen werden. Hypothekenbanken, die ihre Verschuldung und die Konzentration des Eigentums beschleunigen. Aber diese Banken sollen benutzt werden, um Geld aus den konfiszierten Gütern des Hauses Orléans herauszuschlagen. Kein Kapitalist will sich zu dieser Bedingung verstehn, die nicht in dem Dekrete steht, und die Hypothekenbank bleibt ein bloßes Dekret usw. usw.

Bonaparte möchte als der patriarchalische Wohltäter aller Klassen erscheinen. Aber er kann keiner geben, ohne der andern zu nehmen. Wie man zur Zeit der Fronde vom Herzog von Guise sagte, das er der obligeanteste Mann von Frankreich sei, weil er alle seine Güter in Obligationen seiner Partisanen gegen sich verwandelt habe, so möchte Bonaparte der obligeanteste Mann von Frankreich sein und alles Eigentum, alle Arbeit Frankreichs in eine persönliche Obligation gegen sich verwandeln. Er möchte ganz Frankreich stehlen, um es an Frankreich verschenken, oder vielmehr um Frankreich mit französischen Gelde wiederkaufen zu können, denn als Chef des Gesellschaft vom 10.Dezember muß er kaufen, was ihm gehören soll. Und zu dem Institute des Kaufens werden alle Staatsinstitute, der Senat, der Staatsrat, der gesetzgebende Körper, die Ehrenlegion, die Soldatenmedaille, die Waschhäuser, die Staatsbauten, die Eisenbahnen, der état-major Stabder Nationalgarde ohne Gemeine, die konfiszierten Güter des Hauses Orléans. Zum Kaufmittel wird jeder Platz in der Armee und der Regierungsmaschine. Das wichtigste aber bei diesem Prozesse, wo Frankreich genommen wird, um ihm zu geben, sind die Prozente, die während des Umsatzes auf das Haupt und die Glieder der Gesellschaft vom 10.Dezember abfallen. Das Witzwort, womit die Gräfin L., die Mätresse des Herrn de Morny, die Konfiskation der orleanistischen Güter charakterisierte: „C'est le premier vol de l'aigle“ Das ist der erste Flug (Diebstahl) des Adlers(Vol heißt Flug und Diebstahl. Anm. K. M.), paßt auf jeden Flug dieses *Adlers*, der mehr *Rabe* ist. Er selbst und seine Anhänger rufen sich täglich zu, wie jener italienische Kartäuser dem Geizhals, der prunkend die Güter aufzählte, an denen er noch für Jahre zu zehren habe: „Tu fai conto sopra i beni, bisogna prima far il conto sopra gli anni.“ („Du berechnest deine Güter, du solltest vorher deine Jahre berechnen.“ Anm. K. M.) Um sich in den Jahren nicht zu verrechnen, zählen sie nach Minuten. An den Hof, in die Ministerien, an die Spitze der Verwaltung und der Armee drängt sich ein Haufe von Kerlen, von deren bestem zu sagen ist, daß man nicht weiß, von wannen er kommt, eine geräuschvolle, anrüchige, plünderungslustige Boheme, die mit derselben grotesken Würde in galonierte Röcke kriecht wie Soulouques Großwürdenträger. Man kann diese höhere Schichte der Gesellschaft vom 10.Dezember sich anschaulich machen, wenn man erwägt, daß *Véron-Crevel* (Balzac in der „Cousine Bette“ stellt in Crevel, den er nach Dr. Véron, dem Eigentümer des „Constitutionnel“, entwarf, den grundliederlichen Pariser Philister dar. Anm. K. M.) ihr Sittenprediger ist und *Granier de Cassagnac* ihr Denker. Als Guizot zur Zeit seines Ministeriums diesen Granier in einem Winkelblatte gegen die dynastische Opposition verwandte, pflegte er ihn mit der Wendung zu rühmen: „C'est le roi des drôles“, „das ist der Narrenkönig“. Man hätte unrecht, bei dem Hofe und der Sippe Louis Bonapartes an die Regentschaft oder Ludwig XV, zu erinnern. Denn „schon oft hat Frankreich eine Mätressenregierung erlebt, aber noch nie eine Regierung von hommes entretenus“. (Worte der Frau Girardin. Anm. K. M.)

Von den widersprechenden Forderungen dieser Situation gejagt, zugleich wie ein Taschenspieler in der Notwendigkeit, durch beständige Überraschung die Augen des Publikums auf sich als den Ersatzmann Napoleons gerichtet zu halten, also jeden Tag einen Staatsstreich en miniature zu verrichten, bringt Bonaparte die ganze bürgerliche Wirtschaft in Wirrwarr, tastet alles an, was der Revolution von 1848 unantastbar schien, macht die einen revolutionsgeduldig, die andern revolutionslustig und erzeugt die Anarchie selbst im Namen der Ordnung, während er zugleich der ganzen Staatsmaschine den Heiligenschein abstreift, sie profaniert, sie zugleich ekelhaft und lächerlich macht. Den Kultus des heiligen Rocks zu Trier wiederholt er zu Paris im Kultus des napoleonischen Kaisermantels. Aber wenn der Kaisermantel endlich auf die Schultern des Louis Bonaparte fällt, wird das eherne Standbild Napoleons von der Höhe der Vondôme-Säule herabstürzen.